Die Welt - physikalisch

Die Oberfläche der Erde ist nur zu einem Drittel mit Land bedeckt. Gewaltige Landmassen stehen noch gewaltigeren Wassermassen gegenüber. Die Erdteile Europa, Asien, Afrika, Nordamerika, Südamerika, Australien und die Antarktis sind zum Teil durch Landbrücken miteinander verbunden, werden aber meist durch Meere und gewaltige Ozeane voneinander getrennt.

① Berichte über die einzelnen Erdteile (Größe, Lage, Bevölkerung, Gebirge, Klima, Länder, Besonderheiten ...).
② Schreibe die wichtigsten Meere und Ozeane auf.
③ Die bekanntesten Entdecker (z.B. Kolumbus, Vasco da Gama, Magellan u.a.) waren meist auch berühmte Seefahrer. Begründe.
④ Meere und Ozeane haben die einzelnen Erdteile meist voneinander getrennt. Sie waren aber auch in früheren Zeiten schon wichtige Verkehrswege. Berichte.

Klimazonen unserer Erde

Klimazonen sind die großen Naturzonen unseres Planeten. Für die Orientierung auf der Erde bieten sie uns Hilfe. In einer groben Unterteilung lassen sich vier Zonen voneinander unterscheiden:

- kalte Zone
- gemäßigte Zone
- subtropische Zone
- tropische Zone

① Welcher Klimazone gehört Deutschland an? Begründe.

② In jeder Klimazone gibt es immer wieder starke Abweichungen von der „Norm". Gewaltige Überschwemmungen (wie z.B. im Jahre 1997 im Bereich der Oder), Dürrekatastrophen, Waldbrände usw. sind dann die schrecklichen Folgen. Verfolge die Berichterstattung in den Medien und berichte.

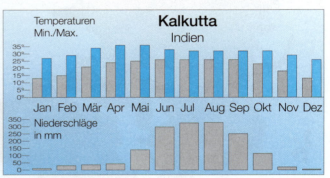

③ Werte die Grafik aus und berichte auf einem Zusatzblatt. Um welche Klimazone handelt es sich?

④ Werte auch diese Grafik aus und berichte auf einem Zusatzblatt. Um welche Klimazone handelt es sich?

Klebe ein.

Klebe ein.

Klebe ein.

Klebe ein.

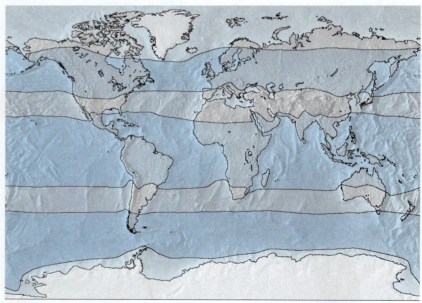

⑤ Klebe die „Steckbriefe" der vier Klimazonen hier ein (Ausschneideblatt). Zeichne Verbindungslinien zwischen Text und Karte.

⑥ Zusatzaufgabe: Die Einteilung in nur vier Klimazonen ist sehr grob. Informiere dich über weitere Klimazonen und berichte auf einem Zusatzblatt.

Menschen in ihren Lebensräumen

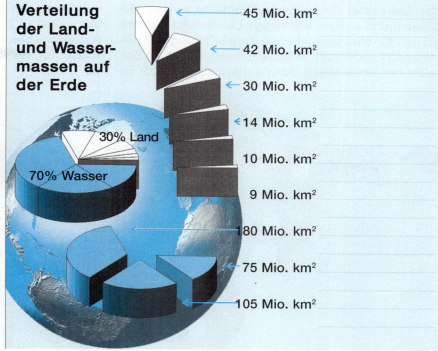

Verteilung der Land- und Wassermassen auf der Erde

← 45 Mio. km²
← 42 Mio. km²
← 30 Mio. km²
← 14 Mio. km²
← 10 Mio. km²
← 9 Mio. km²
← 180 Mio. km²
← 75 Mio. km²
← 105 Mio. km²

30% Land
70% Wasser

① Auf welche Kontinente und Weltmeere verteilen sich die Land- und Wassermassen?

Wasser und Land bedecken zu ungleichen Teilen die Oberfläche unserer Erde. Das Wasser bildet drei riesige Meere:
1. den Großen oder Stillen (Pazifischen) Ozean
2. den Atlantischen Ozean
3. den Indischen Ozean.

Das Land verteilt sich auf sechs Kontinente:
1. Asien
2. Amerika
3. Afrika
4. Europa
5. Australien
6. Antarktis

Neben dieser groben Gliederung der Erdoberfläche werden die unterschiedlichen Lebensräume der Menschen von weiteren Faktoren bestimmt: Landschaften, Klima und Wetter, Pflanzen- und Tierwelt, Rassen und Völker, Kulturen, Sprachen, Religionen, politische Gruppierungen.

② Welche der im obigen Text genannten Faktoren wirken auf den Lebensraum, in dem wir uns bewegen. Diskutiere und schreibe auf ein Zusatzblatt.

③ Wir Menschen in Mitteleuropa leben in einem in vielerlei Hinsicht äußerst günstigen Lebensraum. Begründe.

④ Wähle einen Lebensraum von Menschen außerhalb Europas und beschreibe die besonderen Lebensumstände. Verwende bitte ein Zusatzblatt.

Die Welt - politisch

Noch bunter als eine physikalische Karte muss auf den Betrachter die politische Weltkarte wirken. 193 Staaten und weitere abhängige Länder und Gebiete sorgen für eine weitgehende Zergliederung der politischen Landschaft. Wie die Entwicklungen im Bereich der ehemaligen Sowjetunion sowie auch im ehemaligen Jugoslawien gezeigt haben, ist die Phase von Staatengründungen und Auflösungen von Staaten selbst in Europa längst nicht abgeschlossen. Autonomiebewegungen in aller Welt sorgen immer wieder für Veränderungen der politischen Landkarte.

① Trage unter den Flaggen die Namen der Staaten und ihrer Hauptstädte ein. Trage die Ziffern an die richtigen Stellen der Weltkarte ein.

② Informiere dich mithilfe der Medien über aktuelle Veränderungen auf der politischen Landkarte. Sammle Beiträge aus Zeitungen und Zeitschriften.

Staatenbündnisse dienen unterschiedlichen Zwecken

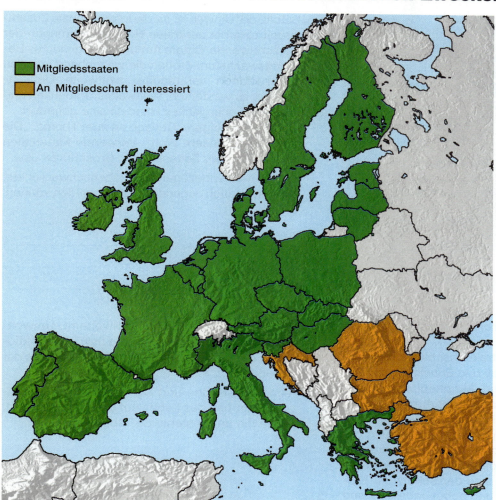

- 🟩 Mitgliedsstaaten
- 🟧 An Mitgliedschaft interessiert

EU Europäische Union

Mitgliedsstaaten:
Belgien, Dänemark, Deutschland, Estland, Finnland, Frankreich, Griechenland, Großbritannien, Irland, Italien, Lettland, Litauen, Luxemburg, Malta, Niederlande, Österreich, Polen, Portugal, Schweden, Slowakei, Slowenien, Spanien, Tschechien, Ungarn, Zypern,

An Mitgliedschaft interessiert
Bulgarien, Kroatien Rumänien, Türkei.

NATO - North Atlantic Treaty Organization

Die NATO wurde 1949 als Reaktion auf den „kalten Krieg" gegründet. Das Bündnis bewertet jeden bewaffneten Angriff auf eines seiner Mitglieder als Angriff gegen das gesamte Bündnis und sichert sich gegenseitigen Beistand zu.

① Markiere in der Karte alle europäischen Staaten, die Mitglied der NATO sind und mit einer anderen Farbe alle beitrittswilligen Staaten.

② Welche weiteren Staaten gehören der NATO an.

③ Kennst du weitere Staatenbündnisse? Welche Staaten gehören dazu? Welchen Zielen und Zwecken dienen die einzelnen Staatenbündnisse? Berichte auf einem Zusatzblatt.

④ Welchen Staatenbündnissen gehört Deutschland an? Informiere dich und berichte.

⑤ Die Vereinten Nationen (UN) wurden im Jahre 1945 gegründet. Nahezu alle Staaten der Erde gehören dazu. Was kannst du über die Aufgaben dieser Weltorganisation berichten? Verwende ein Zusatzblatt.

⑥ Obwohl es unzählige Bündnisse von Staaten gibt, werden viele der drängenden Probleme unserer Zeit nicht oder nur unzureichend gelöst. Welche Gründe gibt es dafür? Wie könnte man diesen unerträglichen Zustand ändern?

Wir haben nur die eine Welt

Lärm
Ölpest
Ozonloch
Bevölkerungs-explosion
Vernichtung der Regenwälder
Klimakatastrophe
Luftverschmutzung
Überschwemmungen
Wasserverschmutzung
Erwärmung der Erde

Der Schutz der Umwelt ist für die internationale Zusammenarbeit eine der zentralen Herausforderungen der Jahrtausendwende. Bittere Armut und ungeheures Bevölkerungswachstum drohen die weitgehend von den Industrienationen verursachte weltweite Umweltkatastrophe zu verstärken. Weltweites Umdenken und gemeinsames energisches Handeln sind gefordert.

① Fertige eine eigene Collage an zum Thema: „Die eine Welt - unsere Welt". Verwende Materialien aus Zeitungen, Zeitschriften, Broschüren usw.

② Nenne themenbezogene Aufgabenschwerpunkte, bei denen auch Jugendliche tätig werden können.

Agenda 21

„Agenda" bedeutet vom Wortsinn her „was zu tun ist".

Die „Agenda 21" ist das zentrale Abschlussdokument der Weltkonferenz für Umwelt und Entwicklung in Rio de Janeiro 1992. Es ist ein Aktionsplan, der beschreibt, was weltweit für das 21. Jahrhundert zu tun ist. Über 170 Staaten haben sich auf dieses Dokument verpflichtet, um einer weiteren Verschlechterung der Weltsituation Einhalt zu gebieten und eine zukunftsfähige Entwicklung für alle Völker der Erde in die Wege zu leiten. Dringendste Ziele sind der Schutz der Erdatmosphäre, der sparsame und schonende Umgang mit den Ressourcen (Prinzip der Nachhaltigkeit) und die Achtung vor allen Lebewesen.

Es ist ein Plan für eine weltweite Partnerschaft (Industrie- und Entwicklungsländer).

Daneben hat das Agenda-Programm soziale und gesellschaftsrelevante Aspekte:
Armutsbekämpfung, Änderung der Konsumgewohnheiten, Schutz der menschlichen Gesundheit, nachhaltige Siedlungspolitik und Förderung benachteiligter Bevölkerungsgruppen.

Ein entscheidender Neuansatz ist die Einbindung aller Bürger in den Diskussionsprozess zur Verwirklichung der notwendigen Maßnahmen vor Ort. In Deutschland haben bereits zahlreiche Städte einen Beschluss zur „Agenda 21" gefasst.

Atommächte

③ Informiere dich (örtliches Umweltamt, Umweltgruppen, Greenpeace, Internet usw.) über Aktionen in deiner Heimatgemeinde auf der Basis der „Agenda 21". Plane eigene Aktionen.

④ Klimakatastrophe und Ozonbelastung der Umwelt bedrohen das Leben auf unserem Planeten. Werte die unten stehende Tabelle aus.

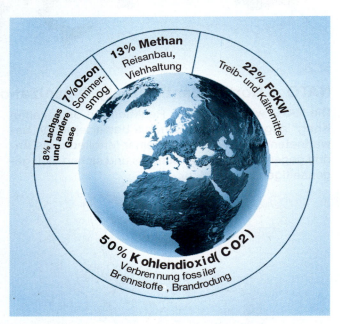

Bewaffnete Konflikte bedrohen immer wieder regional aber auch überregional den Frieden in der Welt. Diskutiert in diesem Zusammenhang die Rolle der Atomwaffen und der „Atom-Staaten".

⑤ Notiere die Namen der „Atom-Staaten".

Europa - physikalisch

Wenn man einen Globus vom Nordpol aus betrachtet, so erscheint Europa als der zentral gelegene Erdteil. Im Norden, Westen und Süden bilden Meere eine natürliche Grenze, während im Osten der europäische Kulturbereich allmählich in den asiatischen übergeht. Durch die enge Verzahnung von Land und Meer war Europa schon immer leicht zugänglich, und die günstigen Verkehrs- und Klimabedingungen führten zu einem regen Austausch von Gedanken und materiellen Gütern. Viele nichteuropäische Völker übernahmen europäische Gesellschaftsformen, und der Kontinent bestimmt wesentlich Weltwirtschaft und Welthandel mit. Auch viele weltweite Verkehrsverbindungen laufen über Europa.

① Schreibe wichtige Gebirge, Flüsse und Meere Europas auf.

② In Europa gibt es einerseits zahlreiche natürliche Verkehrswege, andererseits behindern natürliche Hemmnisse den Verkehr innerhalb Europas. Berichte. Verwende ein Zusatzblatt.

③ Die Meere Europas unterscheiden sich ganz erheblich voneinander. Stelle diese Unterschiede auf einem Zusatzblatt tabellarisch dar.

④ Die Natur in Nord-, Mittel- und Südeuropa unterscheidet sich in vielen Bereichen deutlich voneinander. Berichte und begründe.

Europa - politisch

Die Gemeinschaft der Völker Europas soll in den nächsten Jahren immer enger werden, denn die großen Probleme unserer Zeit können heute auf nationaler Ebene nicht mehr gelöst werden. Innere und äußere Sicherheit, wirtschaftliche Entwicklung, Bekämpfung der Arbeitslosigkeit, gemeinsame Währung und Zollunion sind Beispiele für Bereiche, in denen Zusammenarbeit dringend erforderlich erscheint. 25 Länder haben sich bereits zur Europäischen Union (EU) zusammengeschlossen. Zahlreiche weitere Länder sind an einer Mitgliedschaft interessiert.

Steckbrief „Europäische Union" (EU)
Die Europäische Union (EU) ist ein wirtschaftlicher und politischer Zusammenschluss von mittlerweile 25 europäischen Staaten. Vorläufer der EU ist die Europäische Gemeinschaft für Kohle und Stahl (1952) mit den Mitgliedern Belgien, Bundesrepublik Deutschland, Frankreich, Italien, Luxemburg und Niederlande. 1973 traten Dänemark, Großbritannien und Irland bei. 1981 folgte Griechenland, 1986 kamen Portugal und Spanien dazu. 1995 traten auch Finnland, Österreich und Schweden der EU bei. 2004 kamen zehn weitere Mitglieder hinzu. Ungarn, Slowenien, Polen, Estland, Litauen, Lettland, Tschechien, Slowakei, Zypern und Malta.
In der Europäischen Union leben zur Zeit rund 450 Millionen Menschen. Die Fläche beträgt 3,9 Millionen km². (USA: 235 Millionen Einwohner auf 9,4 Millionen km² Fläche; GUS-Staaten: 291 Millionen Einwohner auf 22,4 Millionen km² Fläche.)
Im wirtschaftlichen Bereich kann die Europäische Union durchaus den Vergleich mit den Vereinigten Staaten von Nordamerika standhalten.

① Trage die fehlenden Namen der europäischen Hauptstädte in die Karte ein.

② Trage die Namen der Länder Europas in die Karte ein.

③ Jedes europäische Land hat seine Besonderheiten. Stellt „Steckbriefe" für die einzelnen Länder zusammen.

④ Wie heißen die 25 Länder, die bereits Mitglied der Europäischen Union sind?

Amerika

① Miss die ungefähre Strecke des Panamerican Highway, einer Straße, die von Fairbanks in Alaska bis nach Ushuaia auf Feuerland führt. Wie viele Tage Ferien brauchtest du, wenn du die Strecke in 300 km Abschnitte pro Tag zurücklegen würdest?

② Wie lang ist die Eisenbahnstrecke von Philadelphia an der Ostküste Nordamerikas bis nach San Francisco? Wie weit würde die Eisenbahn von deinem Heimatort in Richtung Osten fahren, um die gleiche Entfernung zurückzulegen?

③ Wie lang ist der Mississippi (indianisch: Vater der Ströme) vom Quellgebiet im Itasca-See in Minnesota bis zur Mündung bei New Orleans? Wo müsste der Rhein entspringen, wenn er die gleiche Länge hätte? Miss von der Mündung des Rheins über das Quellgebiet hinaus geradlinig in südlicher Richtung.

④ Der Amazonas, der längste Strom Südamerikas, entsteht durch Zusammenfluss der beiden peruanischen Flüsse Rio Maranon und Rio Ucayali. Wie lang ist es von diesem Zusammenfluss bis zur Mündung? Bis wohin würde die Donau reichen, wenn du die Strecke des Amazonas zu Grunde legst und die Donau über die Mündung hinaus geradlinig verlängerst?

Amerika ist ein riesiger Doppelkontinent, zwischen dem Atlantischen und Pazifischen Ozean gelegen, und wird in Nord- und Südamerika unterteilt mit dem verbindenden Teil Mittelamerika. Der geologische Aufbau Amerikas ist durch drei Großeinheiten geprägt: im Westen ein erdgeschichtlich junges, durchlaufendes Faltengebirge, im Osten ein erdgeschichtlich altes, abgestumpftes Rumpfgebirge und dazwischen weite Ebenen und von Strömen durchzogene Niederungen.

Arbeitsaufgaben: Nimm einen Atlas zu Hilfe.

⑤ Schreibe die Gebirge im Westen und Osten, die Namen der Ebenen und die großen Ströme Amerikas auf.

⑥ Schreibe auf ein Extrablatt die Staaten von Nordamerika, Mittelamerika und Südamerika, vergiss auch die Inselstaaten der Westindischen Inseln nicht.

Nordamerika wird entdeckt und besiedelt

Aus der Menschheitsgeschichte wissen wir, dass die Entwicklung des Menschen sich wahrscheinlich in Afrika, Asien und Europa vollzogen hat, während Amerika vor 40 000 Jahren vielleicht noch menschenleer war. Wie kamen die Menschen dann aber von Asien, Europa oder Afrika nach Amerika?

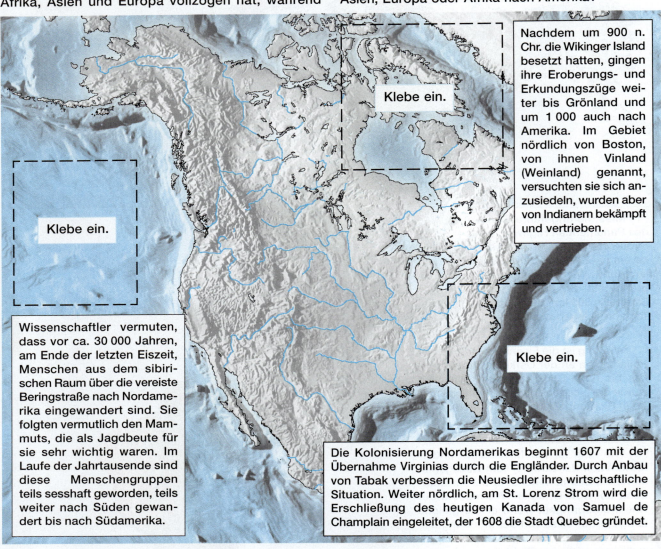

Nachdem um 900 n. Chr. die Wikinger Island besetzt hatten, gingen ihre Eroberungs- und Erkundungszüge weiter bis Grönland und um 1 000 auch nach Amerika. Im Gebiet nördlich von Boston, von ihnen Vinland (Weinland) genannt, versuchten sie sich anzusiedeln, wurden aber von Indianern bekämpft und vertrieben.

Wissenschaftler vermuten, dass vor ca. 30 000 Jahren, am Ende der letzten Eiszeit, Menschen aus dem sibirischen Raum über die vereiste Beringstraße nach Nordamerika eingewandert sind. Sie folgten vermutlich den Mammuts, die als Jagdbeute für sie sehr wichtig waren. Im Laufe der Jahrtausende sind diese Menschengruppen teils sesshaft geworden, teils weiter nach Süden gewandert bis nach Südamerika.

Die Kolonisierung Nordamerikas beginnt 1607 mit der Übernahme Virginias durch die Engländer. Durch Anbau von Tabak verbessern die Neusiedler ihre wirtschaftliche Situation. Weiter nördlich, am St. Lorenz Strom wird die Erschließung des heutigen Kanada von Samuel de Champlain eingeleitet, der 1608 die Stadt Quebec gründet.

① Schneide die passenden Bilder aus dem Ausschneideblatt und klebe sie zu den Textkärtchen.

② Zeichne die Grenzen zwischen den Staaten rot ein. Beschrifte die Gebirge, Ebenen, Seen, Flüsse und Städte.

③ Fülle den Lückentext aus.

Nordamerika erstreckt sich vom _____ bis zum _____ . Man zählt _____ und die _____ zu den beiden Staaten Nordamerikas, während _____ schon dem mittelamerikanischen Teil zugerechnet wird. Durch die große Strecke zwischen dem Nord- und Südteil hat Nordamerika Anteil an verschiedenen Klimazonen, die vom _____ bis zum _____ reichen. Ureinwohner auf diesem Kontinent sind _____ und _____. Sie sind vermutlich vor ca. 30 000 Jahren, eine Epoche der letzten Eiszeit, von _____ aus über die _____ den Mammuts gefolgt und wurden so die ersten Einwanderer in Amerika. Die wirtschaftliche Stärke der Staaten Nordamerikas beruht zum großen Teil auf dem Reichtum an _____ , Wäldern, Acker- und Weideland und auf dem Pioniergeist der Einwanderer in der Neuzeit, die durch persönlichen Einsatz, technischen Fortschritt und _____ einen hohen Stand der Produktivität erreichten.

(Beringstraße - Bodenschätzen - Eskimos - Golf von Mexiko - Indianer - Kanada - Mexiko - Nordpolarmeer - Polarklima - Sibirien - Spezialisierung - subtropisches Klima - USA)

Kanada

Fläche:	9 976 000 km²	Währung:	Kanad. Dollar (kan$) 1 € = 1,57 kan$
Bevölkerung:	30,9 Mio.	Sprachen:	Englisch, Französisch
Staatsoberhaupt:	Königin Elisabeth II.	BSP:	20895 € pro Einwohner
Hauptstadt:	Ottawa (1,03 Mio.)	Einwohner pro Arzt:	ca. 450

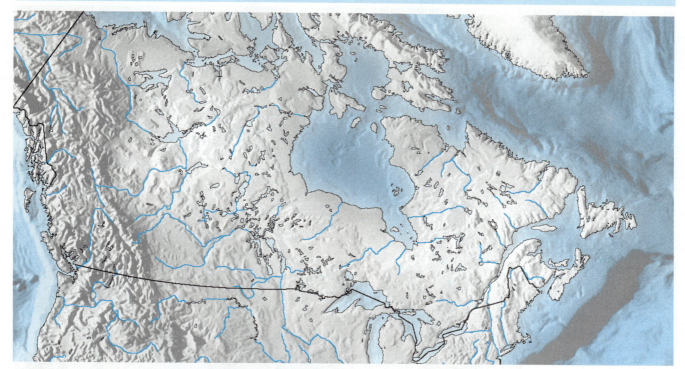

Kanada, der zweitgrößte Flächenstaat der Erde, besitzt riesige Wälder, die ca. 40% der Gesamtfläche einnehmen. Aus diesem Grund ist die Holzindustrie überaus wichtig, was allerdings zu einem Raubbau an den Wäldern führte. Umweltschützer kämpften seit den 90er Jahren erfolgreich gegen die Abholzung. In den Prärien werden vielfältige Getreidesorten angebaut, besonders Weizen. Das an Bodenschätzen reiche Land liefert Nickel, Zink, Eisen, Kohle, Uran und Edelmetalle in alle Welt. Haupthandelspartner sind allerdings wegen der günstigen geografischen Lage die USA. Das Klima ist im größten Teil des Landes durch lange, strenge Winter und kurze Sommer gekennzeichnet. Die Vegetation reicht von der Tundra im Norden bis zur Grassteppe im Süden. Am dichtesten besiedelt ist das Land im Süden im Umkreis der Großen Seen. Hier herrscht auch ein reger Schifffahrtsverkehr.

① Schneide aus dem Ausschneideblatt die Symbolkärtchen für die Wirtschaft Kanadas aus und klebe sie ein. Nimm die Wirtschaftskarte des Atlas zu Hilfe.

② Zeichne einen Kartenausschnitt des St.-Lorenz-Seewegs und beschreibe den Schifffahrtsweg von Thunder Bay am Oberer See bis zum St.-Lorenz-Strom. Wie lang ist dieser Weg?

Die Bevölkerung Kanadas

Einwanderungsstatistik 1991 - 1996	
England	25 420
Übrige Europäer	172 060
USA	29 025
Mittel- und Südamerika	76 335
Asien	592 710
Karibische Staaten	57 315
Afrika	76 260
Australien / Ozeanien	9 875
Insgesamt	**1 039 000**

③ Kanada ist ein Vielvölkerstaat. (Eine große Zahl von Menschen aus Asien und Europa sucht in Kanada bessere Lebensbedingungen als in ihrem Heimatland und wandert aus.) Diskutiert die Einwanderungsstatistik und zeichnet ein Kreisdiagramm über die Verteilung der Nationalitäten. (Briten: 20,8%, Franzosen: 22,8%, Deutsche: 3,4%, Italiener: 2,8%, Chinesen: 2,2%, Sonstige: 48%)

④ Versuche, folgende Begriffe zu erklären: *Franko-Kanadier; Inuit; Separatisten; Commonwealth; autonomes Gebiet;*

Der Helikopter gehört in Kanada zu den wichtigsten Verkehrsmitteln.

USA

Fläche:	9 809 155 km²	Währung:	US-Dollar (US$) (1 Euro = 1,23 $)
Bevölkerung:	276,2 Mio.	Sprachen:	Englisch
Staatsoberhaupt:	George Bush	Ethnische Gruppen:	Weiße (73,7%), Schwarze (12%),
Hauptstadt:	Washington (567 000)		Spanischstämmige (10,3%), Indianer (0,7%)
		BSP:	31 872 € pro Einwohner
		Einwohner pro Arzt:	ca. 380

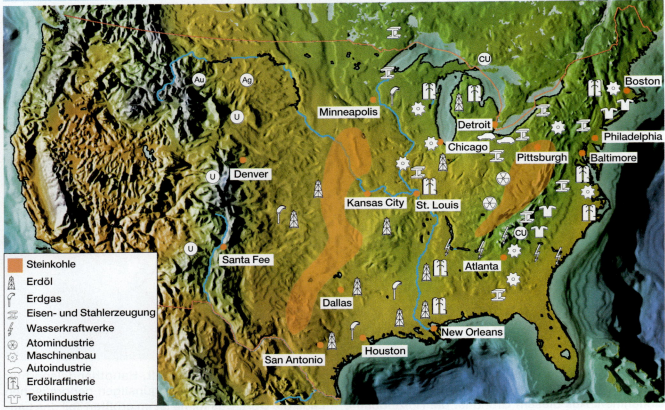

① In welchen Gebieten (Staaten) oder bei welchen Städten liegen die Bodenschätze oder Industriezentren.

② Schreibe auf ein Extrablatt die 50 Bundesstaaten der USA auf.

Die USA (United States of America - Vereinigte Staaten von Amerika) umfassen ein zusammengehörendes Gebiet zwischen Pazifik und Atlantik, dazu aber auch Außengebiete wie Alaska, Hawaii und mehrere Inselgruppen im Pazifik und in der Karibik. Die Wirtschaft ist gekennzeichnet durch den Anbau von Baumwolle, Mais, Weizen, Südfrüchte und Gemüse, durch Milch- und Weidewirtschaft. Zu den wichtigsten Bodenschätzen gehören Steinkohle, Eisenerz, Erdöl, Blei, Zink, Kupfer, Uran, Silber und Gold. Bedeutsame Industriezweige sind die Autoherstellung, Atom- und Maschinenindustrie, Textilindustrie (Jeans) sowie Telekommunikation und Computerentwicklung.

Die Bevölkerung der USA

Ethnische Gruppen 2000

Weiße	203 Mio.
Schwarze	33 Mio.
Spanischstämmige	28 Mio.
Asiaten	9 Mio.
Indianer	1,9 Mio.

③ Zeichne ein Schaubild, um diese Zahlen zu verdeutlichen.

④ Versuche, folgende Begriffe zu erklären:

Reservat; Apache; Marthin Luther King; Black Power; Latinos; Kreole; Uncle Sam; Sioux; Malcolm X; Gringo; China Town; Chop-Suey; Hip-Hop; Rap; Breakdance; Muhammed Ali; Afro-Amerikaner

New York

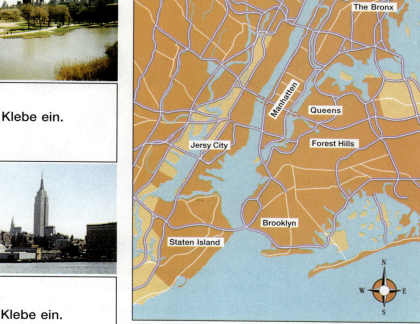

① Klebe die zu den Fotos gehörenden Textkärtchen aus dem Ausschneideblatt auf.
② Fülle den Lückentext aus.

New York, eine der größten Städte der Welt, hat ca. 8 Mio. Einwohner. Sie wurde 1625 als Handelsniederlassung von der Dutch West India Company gegründet und bekam den Namen _____ . 1626 kaufte ein Holländer die Insel _____ den dort lebenden Indianern für eine Werkzeugkiste im Wert von 24 Dollar ab. Unter dem Gouverneur Peter _____ wurde die Siedlung zu einer befestigten Stadt ausgebaut. 1664 eroberten die Engländer die Stadt und benannten sie um in _____ . Damals hatte die Stadt schon 20 000 Einwohner unterschiedlichster Nationalität. Als nach der amerikanischen _____ die letzten britischen Soldaten 1783 New York verließen, setzte nach und nach eine Einwanderungswelle ein, die besonders seit 1850 zur _____ wurde. Für diese Menschen wurden fünf bis sechs Stockwerke hohe Gebäude errichtet, worin aber meist pro Familie nur ein Zimmer zur Verfügung stand. Bei der Ansicht des Stadtplans fällt die _____ auf, die nur durch den _____ , einem früheren Indianerpfad, unterbrochen wird. In den Straßen, streets, von Ost nach West sind die Wohnblocks angesiedelt, in den Straßen, avenues, von Nord nach Süd die Geschäfte und Handelsniederlassungen. Durch die _____ der Straßen ist eine schnelle Orientierung möglich. Neben Manhattan, dem Herzen der Stadt mit seinen gewaltigen Wolkenkratzern, gehören noch andere Stadtteile wie Brooklyn, _____ , _____ , Queens und Richmond zur Stadt New York. Am 11.09.2001 wurden durch Terroranschläge die beiden Bürotürme des World Trade Centrums zerstört.

(Broadway - Bronx - Gitternetzstruktur - Harlem - Manhattan - Masseneinwanderung - Nummerierung - New Amsterdam - New York - Revolution - Stuyvesant)

13

Projekt Nordamerika

Der Themenbereich „Nordamerika" kann im Rahmen eines Projektes erarbeitet werden. Die einzelnen Gruppenaufträge sind als Anregung und Hilfe gedacht.

1. Ureinwohner

1) Informiert euch über die Eskimos.

2) Welche Indianerstämme gibt es heute und wo leben sie?

3) Wie sind ihre Lebensbedingungen, ihre politischen Rechte?

4) Was waren die Ursachen für den Kampf der Weißen gegen die Roten?

5) Welche literarischen Werke befassen sich mit den Indianern und wie sind sie einzuschätzen?

2. Rassenprobleme in den USA

1) Wann und wie kamen die Afrikaner nach Amerika? Worum ging es im Sezessionskrieg?

2) Wie waren die Lebensbedingungen der Sklaven? Welche Literatur befasst sich mit dem Problem?

3) Wie sieht die Rassendiskriminierung in unserer Zeit aus?

4) Was könnt ihr über die Black-Power-Bewegung und Malcolm X in Erfahrung bringen?

3. Technik und Wissenschaft

1) Welche Rolle spielt Amerika bei der Erforschung des Weltraums?

2) Welche Nobelpreisträger kamen aus Amerika?

3) Was verbindet ihr mit den Namen Silicon Valley und Bill Gates?

4) Was könnt ihr über die Entwicklung der Atombombe herausfinden?

4. Sehenswürdigkeiten und Naturdenkmale, Kunst und Sport

1) Die Landschaften Nordamerikas sind reich an Naturdenkmälern, ob Wasserfälle, Schluchten, Bergformen u.v.m. Welche Naturparks gibt es?

2) Welche Städte sind weltbekannt und wodurch? Kunst und Wissenschaft spielen in Amerika eine große Rolle. Schreibt bedeutende Künstler aus den verschiedensten Gebieten auf.

3) In welchen Sportarten ist Amerika führend?

Mittelamerika

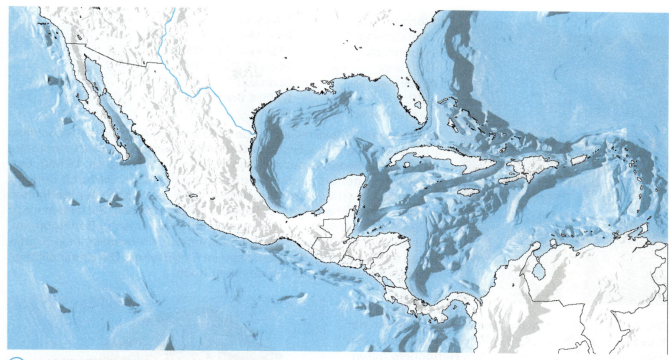

① Trage Ländernamen, Städte, Flüsse, Gebirge und Inseln in die Karte ein.
② Male die Umrisskarte aus.
③ Fülle den Lückentext aus.

Mit Mittelamerika bezeichnet man den Raum zwischen der Südgrenze der _____ und der kolumbianischen Grenze. In diesem Gebiet gibt es sehr viele aktive _____, außerdem bedrohen Erdbeben das Land. Die _____ ist besonders in dem schmalen Bereich zwischen Atlantik und Pazifik höhenbestimmt. In der Höhenlage bis 600 m ist das _____ feuchtheiß. Hier wachsen besonders _____. In der _____ zwischen 600 m und 1 800 m wird Kaffee angebaut. Weitere wichtige Wirtschaftsgüter sind _____, Rohrzucker, _____, Kokosnüsse, _____, Weizen und _____. Ein wichtiges Kulturvolk in geschichtlicher Zeit waren die _____. Heute besteht die Bevölkerung zum großen Teil aus _____ (Verbindung zwischen Indianern und Weißen), dazu kommen viele Schwarze, die als _____ in die Plantagen gebracht wurden.

(Bananen - Baumwolle - gemäßigte Zone - Kakao - Klima - Maya - Mais - Mestizen - Sklaven - Tabak - USA - Vegetation - Vulkane)

④ Klebe die zugehörige Flagge aus dem Ausschneideblatt ein.

Klebe ein.	Klebe ein.	Klebe ein.	Klebe ein.	Klebe ein.	Klebe ein.
Guatemala Fläche: 109 000 km² Bevölk.: 11,1 Mio. Hauptstadt: Guatemala-Stadt Währung: Quetzal (1 € = 10 Quetzal) Sprachen: Spanisch, Maya-Dialekte BSP: 1 788 € pro Einwohner Einwohner pro Arzt: 7 143	**Honduras** Fläche: 112 000 km² Bevölk.: 6,5 Mio. Hauptstadt: Tegucigalpa Währung: Lempira (1 € = 23 Lempira) Sprachen: Spanisch, Englisch BSP: 807 € pro Einwohner Einwohner pro Arzt: 1 266	**El Salvador** Fläche: 21 000 km² Bevölk.: 6,4 Mio. Hauptstadt: San Salvador Währung: El-Salv.-Colón (1 € = 11,7 Colón) Sprachen: Spanisch, indian. Dialekte BSP: 2 017 € pro Einwohner Einwohner pro Arzt: 1 563	**Nicaragua** Fläche: 130 000 km² Bevölk.: 5,2 Mio. Hauptstadt: Managua Währung: Córdoba (1 € = 20 Córdoba) Sprachen: Spanisch, Chibcha BSP: 403 € pro Einwohner Einwohner pro Arzt: 1 566	**Costa Rica** Fläche: 51 000 km² Bevölk.: 3,9 Mio. Hauptstadt: San José Währung: Costa-Rica-Colón (1 € = 560 Colón) Sprachen: Spanisch BSP: 3 019 € pro Einwohner Einwohner pro Arzt: 800	**Panama** Fläche: 75 500 km² Bevölk.: 2,8 Mio. Hauptstadt: Panama-Stadt Währung: Balboa (1 € = 1,23 Balboa) Sprachen: Spanisch, Englisch BSP: 3 259 € pro Einwohner Einwohner pro Arzt: 808

Mexiko und Panama

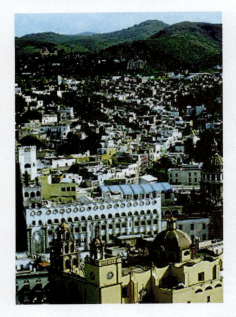

Fläche:	2 Mio. km²
Bevölkerung:	99,4 Mio.
Hauptstadt:	Mexiko-City (19 Mio)
Währung:	Peso (1 € = 14 Peso)
Sprachen:	Spanisch
BSP:	6 800 € pro Einwohner
Einwohner pro Arzt:	621

Die Hauptstadt Mexiko-City wurde 1325 von den Azteken als Tenochtilan erbaut. Der spanische Eroberer Cortez ließ die Stadt 1519-21 zerstören, um sie dann wieder neu aufzubauen. Die Stadt hat heute ca. 19 Mio. Einwohner und gehört zu den Megastädten der Welt. Dadurch bedingt häufen sich dort auch die Probleme. Viele Mexikaner der ländlichen Regionen versuchen in dieser Stadt ihr Glück zu finden. Sie landen meist in den Elendsvierteln, wo durch schlechte hygienische Bedingungen, auch durch den Gebrauch von unsauberem Trinkwasser viele Krankheiten entstehen und die Menschen im Elend leben. Die Kriminalität ist in dieser Metropole des Landes sehr hoch.

Die Stufenpyramiden sind eine Besonderheit der Maya-Kultur. 1952 wurde in der Pyramide von Palenque die Grabkammer eines Herrschers gefunden. Aus vielen Inschriften wissen wir heute über die Lebensweise der Mayas Bescheid. Die Könige waren Mittler zwischen Volk und Göttern, sie feierten zusammen mit Priestern in den kleinen Tempeln oben auf der Pyramide den Götterdienst, während das Volk unten am Fuß der Pyramide sich versammelte.

① Es gibt noch weitere Megastädte (mehr als 10 Mio. Einw.) in Südamerika. Schreibe sie auf.

② Vergleiche die Mayapyramide mit den ägyptischen. Unterschiede und Gemeinsamkeiten. Schreibe auf ein Extrablatt und hefte es hinter die Seite.

Der Panamakanal

Der Panamakanal ist ein ca. 82 km langer Schifffahrtsweg zwischen Colon und Balboa, der den Atlantischen mit dem Pazifischen Ozean verbindet. Dabei müssen 26 m Höhenunterschied durch verschiedene Schleusen überwunden werden. Die Durchfahrtsdauer für Frachtschiffe beträgt ca. 7 Stunden. Im Jahre 1880 begann Ferdinand Lesseps mit dem Bau des Kanals, musste aber nach wenigen Jahren aufgeben, weil Tausende von Arbeitern an tropischen Krankheiten starben. Erst 1903 wurde unter Leitung der USA weitergebaut und 1914 wurde der Kanal eröffnet.

③ Entfernungen von Europa nach

	durch den Panamakanal	um Kap Hoorn herum
San Francisco		
Calido		
Hawaii		

Südamerika wird erobert und erforscht

Wenn wir heute die Sprache der vielen Staaten Süd- und Mittelamerikas vergleichen, so stellen wir fest, dass es sich nur um zwei miteinander verwandte Sprachen handelt, nämlich Spanisch und Portugiesisch. Und das hat etwas mit der geschichtlichen Epoche, Beginn der Neuzeit, zu tun. Schaut in Geschichtsbüchern nach und schreibt einen Bericht.

Klebe ein.

Klebe ein.

① Schneide die passenden Textkärtchen aus dem Ausschneideblatt aus und klebe sie zu den Bildern.
② Zeichne die Grenzen zwischen den Staaten rot ein. Beschrifte die Gebirge, Ebenen, Seen, Flüsse und Städte.
③ Fülle den Lückentext aus.

Südamerika reicht von der Punta Gallinas in _____ bis zum Kap Hoorn im Süden _____.
Der geologische Aufbau gliedert sich in den lang gestreckten Westteil mit dem jungen Faltengebirge der _____, während der Osten von dem abgeflachten Bergland von Brasilien durchzogen wird. Dazwischen befinden sich das Tiefland des _____ und die Ebenen des _____ sowie die _____. Der größte Teil Südamerikas gehört zur _____ Klimazone, nur der Süden reicht in die _____ Zone hinein. Charakteristisch für die Pflanzenwelt sind die tropischen _____ und die Baum- und Grassteppen. Zu den besonderen Tierarten gehören _____, Ameisenbären, Faul- und Gürteltiere, _____ und zahlreiche Vogel-, Reptilien und Insektenarten. Die Wirtschaft basiert auf dem Anbau von _____, Kakao, Zucker, Baumwolle und Tabak. An Bodenschätzen sind _____, Erdgas, Eisenerz, Kohle, Gold, Silber, Kupfer, Salpeter und _____ sehr bedeutsam.
(Amazonas - Chiles - Diamanten - Erdöl - gemäßigte - Gran Chaco - Jaguare - Kaffee - Kolumbien - Kordilleren - Lamas - Pampas - Regenwälder - tropischen)

Brasilien und die La-Plata-Länder

> Klebe die Flagge vom Ausschneidebogen hier ein. (Brasilien)

Fläche: 8,5 Mio. km²
Bevölkerung: 172 Mio.
Hauptstadt: Brasilia
Währung: Real (1 € = 3,55 Real)
Sprache: Portugiesisch
BSP: 3 800 €
Einwohner pro Arzt: ca. 847

Brasilien ist das größte Land Südamerikas. Im Norden durchfließen der Amazonas und seine mehr als 200 Nebenflüsse ein Gebiet von über 7 Mio. Quadratkilometern. Das ist ca. 20-mal so groß wie die Bundesrepublik Deutschland. Der undurchdringliche Regenwald beherbergt die Hälfte aller Tier- und Pflanzenarten unserer Erde. Bis zu Beginn der 90er Jahre wurde der Urwald durch Raubbau sehr geschädigt. Tiere und Pflanzen wurden vernichtet und die ansässigen Indianergruppen bekämpft. Informiere dich auf einer Wirtschaftskarte über die Bodenschätze in diesem Gebiet.

Brasilien lebt vom Reichtum seiner Wälder. Die Kaffeeproduktion ist die größte der Welt. Ein großes Problem für das Land sind die Transportwege, da die Hälfte der Straßen in einem mangelhaften Zustand sind, z.T. nicht einmal asphaltiert. Der Wasserweg ist wegen der schlechten Beschiffbarkeit der Flüsse nicht zu Transportzwecken geeignet, obwohl die dort lebende Bevölkerung diesen Weg für viele Verrichtungen des täglichen Lebens sehr wohl benutzt.

① Zu den La-Plata-Ländern gehören Argentinien, Uruguay und Paraguay. Diese drei Staaten sind durch das Wassernetz des Rio de la Plata miteinander verbunden. Sie unterscheiden sich allerdings sehr voneinander. Vergleiche.

Paraguay

> Klebe die Flagge vom Ausschneidebogen hier ein.

Fläche: 406 000 km²
Bevölkerung: 5,4 Mio.
Hauptstadt: Asunción
Währung: Guarani
  (1 € = 7405 Guarani)
Sprachen: Spanisch, Guarani
BSP: 1 918 € p. E.
Einw. p. Arzt: 1 406

Argentinien

> Klebe die Flagge vom Ausschneidebogen hier ein.

Fläche: 2 700 000 km²
Bevölkerung: 36,6 Mio.
Hauptstadt: Buenos Aires
Währung: Peso
  (1 € = 3,7 Peso)
Sprache: Spanisch
BSP: 8 536 € p. E.
Einw. p. Arzt: 340

Uruguay

> Klebe die Flagge vom Ausschneidebogen hier ein.

Fläche: 177 414 km²
Bevölkerung: 3,3 Mio.
Hauptstadt: Montevideo
Währung: Peso Uruguayo
(1 € = 34 Peso)
Sprache: Spanisch
BSP: 7 023 € p. E.
Einw. p. Arzt: 282

② Schreibe die Hauptausfuhrgüter der drei Staaten auf. Benutze eine Wirtschaftskarte.

Argentinien:
_____
_____
_____

Uruguay:
_____
_____
_____

Paraguay:
_____
_____

③ Zeichne die Grenzen und die Hauptstädte von Brasilien und den La-Plata-Ländern in die Karte ein.

Die Andenstaaten

Die Anden, eine 7 500 km lange Gebirgskette, zwischen dem Karibischen Meer und der Drakestraße gelegen, durchzieht den Westteil Südamerikas. Hier gibt es sehr hohe Berge und zahlreiche Vulkane. Reiche Vorkommen an Bodenschätzen wie Gold, Silber, Kupfer, Zinn machen den Reichtum der betroffenen Staaten aus.

① Schneide aus dem Ausschneideblatt die Textkärtchen aus und klebe sie ein.

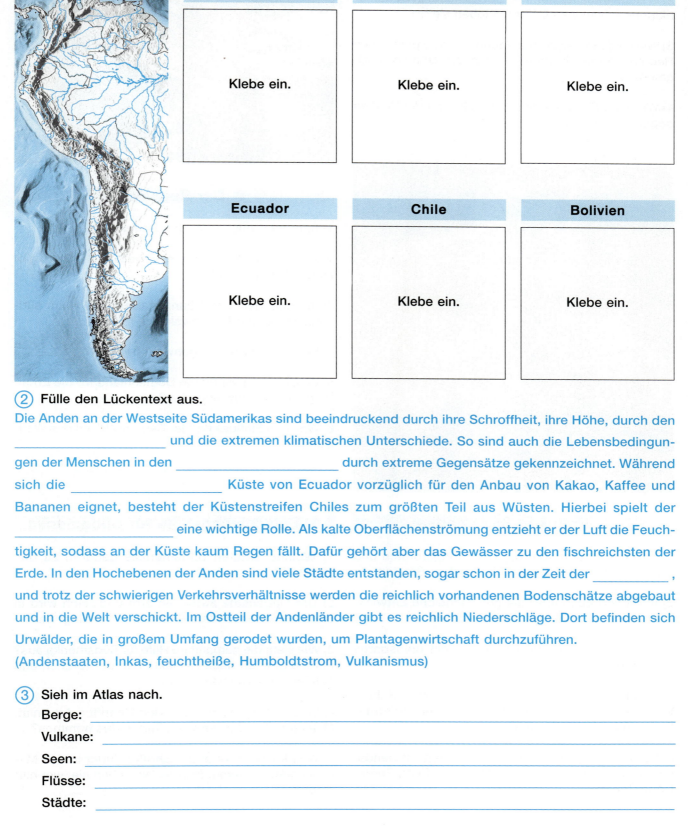

Kolumbien	Venezuela	Peru
Klebe ein.	Klebe ein.	Klebe ein.

Ecuador	Chile	Bolivien
Klebe ein.	Klebe ein.	Klebe ein.

② Fülle den Lückentext aus.

Die Anden an der Westseite Südamerikas sind beeindruckend durch ihre Schroffheit, ihre Höhe, durch den _____ und die extremen klimatischen Unterschiede. So sind auch die Lebensbedingungen der Menschen in den _____ durch extreme Gegensätze gekennzeichnet. Während sich die _____ Küste von Ecuador vorzüglich für den Anbau von Kakao, Kaffee und Bananen eignet, besteht der Küstenstreifen Chiles zum größten Teil aus Wüsten. Hierbei spielt der _____ eine wichtige Rolle. Als kalte Oberflächenströmung entzieht er der Luft die Feuchtigkeit, sodass an der Küste kaum Regen fällt. Dafür gehört aber das Gewässer zu den fischreichsten der Erde. In den Hochebenen der Anden sind viele Städte entstanden, sogar schon in der Zeit der _____, und trotz der schwierigen Verkehrsverhältnisse werden die reichlich vorhandenen Bodenschätze abgebaut und in die Welt verschickt. Im Ostteil der Andenländer gibt es reichlich Niederschläge. Dort befinden sich Urwälder, die in großem Umfang gerodet wurden, um Plantagenwirtschaft durchzuführen.
(Andenstaaten, Inkas, feuchtheiße, Humboldtstrom, Vulkanismus)

③ Sieh im Atlas nach.

Berge: _____
Vulkane: _____
Seen: _____
Flüsse: _____
Städte: _____

19

Projekt Südamerika

Der Themenbereich „Südamerika" kann im Rahmen eines Projekts erarbeitet werden. Die einzelnen Gruppenaufträge sind als Anregung und Hilfe gedacht.

1. Ureinwohner

1) Informiert euch über die Inkas.

2) Welche Indianerstämme gibt es heute in Südamerika und in welchen Gebieten leben sie?

3) Wie sind ihre Lebensbedingungen, ihre politischen Rechte? Vergleicht mit den Indianerstämmen Nordamerikas.

4) Was sind die Ursachen für den Kampf der Weißen gegen die Ureinwohner?

2. Der Regenwald

1) Informiert euch über den Regenwald.

2) Auf welchen Kontinenten, in welchen Ländern gibt es noch Regenwälder?

3) Welche Tier- und Pflanzenarten gibt es im südamerikanischen Regenwald?

4) Wodurch ist der Regenwald bedroht?

5) Was können wir hier in Deutschland für die Erhaltung des Regenwaldes tun?

6) Welchen Einfluss hat der Regenwald auf das Weltklima?

3. Politik in Südamerika

1) Informiert euch über die Regierungsformen und Machthaber in den südamerikanischen Staaten.

2) Informiert euch über die geschichtliche Entwicklung eines südamerikanischen Staates.

3) Kokaanbau und Drogenhandel, ein unlösbares Problem?

4) Südamerika war Fluchtziel mancher Nazi-Führer. Was kann das für Gründe haben? Sammelt Informationen über Adolf Eichmann.

5) Versucht folgende Begriffe zu erklären: Hacienda, Militärjunta, Guerilleros, Che Guevara, Evita Peron, Copa Cabana.

4. Entwicklungshilfe für Südamerika

1) Welche Staaten Südamerikas gehören zu den ärmsten?

2) Der Gegensatz zwischen arm und reich wird in Südamerika besonders deutlich, woran liegt das?

3) Wie sieht die humanitäre Hilfe für Südamerika aus? Erkundigt euch nach Hilfsaktionen der Kirchen und staatlichen Organisationen.

4) Was verbirgt sich hinter den Begriffen Adveniat, Misereor, Brot für die Welt, Terres des hommes?

5) Was könnt ihr über die Straßenkinder in den Millionenstädten herausfinden? Wie leben sie, wer hilft ihnen?

Asien

Asien ist mit etwa 44,5 Mio. km² Landfläche und ca. 3,5 Mrd. Einwohnern der größte und bevölkerungsreichste Kontinent unserer Erde. Mit Europa zusammen bildet er auf unserem Planeten die größte zusammenhängende Festlandmasse (Eurasien). Aus überwiegend geschichtlichen Gründen werden Europa und Asien meist als zwei eigenständige Erdteile behandelt, als Grenze werden meist das Uralgebirge, der Uralfluss und der nördliche Kaukasus festgelegt.

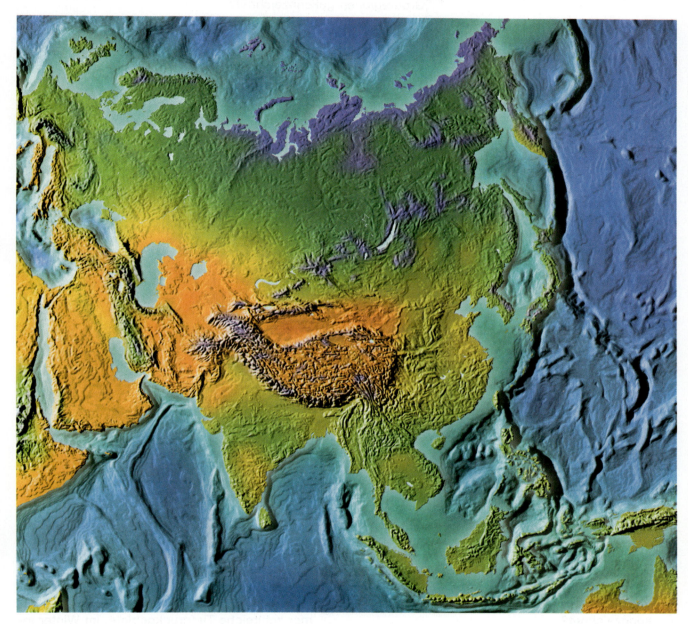

① Zwischen welchen Längen- und Breitengraden liegt der Kontinent? (Atlas)

② Wie groß ist die Entfernung vom Golf von Aden bis zur Beringstraße? Wie weit ist es vom Franz-Josef-Land bis zu den Kleinen Sunda-Inseln? (Atlas)

③ Wie groß ist der Zeitunterschied von der östlichsten bis zur westlichsten Stelle Asiens (15 Längengrade = 1 h)

④ Stelle eine Liste aller Länder Asiens zusammen. Schreibe jeweils Hauptstadt, Fläche und Bevölkerungszahl dazu (Übersichtstabelle, Fischer Weltalmanach) und hefte alles hinter diese Seite.

⑤ Gib Landfläche und Bevölkerungszahl Asiens in Prozent der Weltdaten an.

⑥ Suche Asiens höchste Erhebungen und tiefste Bodensenkungen heraus (Atlas).

⑦ Fülle aus.

Anzahl der Länder: 44

Gesamtfläche: _____

Bevölkerungsanzahl: _____

_____

Wichtige Sprachen: Indische Sprachen, Persisch, Arabisch, Türkisch, Hebräisch, Chinesisch, Japanisch, Koreanisch, Verkehrssprache Englisch

Asien – ein Kontinent der Gegensätze

Nordasien: 14 Mio. km²
Südwestasien: 11 Mio. km²
Zentralasien: 10 Mio. km²
Ostasien: 5 Mio. km²
Südostasien: 4,5 Mio. km²

Der Kontinent lässt sich in viele Teilgebiete untergliedern. Eine grobe geografische Übersicht ergibt sich durch eine Aufteilung in Nordasien, Südwestasien, Südasien, Zentralasien, Ostasien und Südostasien.

① Durch welche Länder oder Landschaften werden die einzelnen Großregionen gekennzeichnet?

Der asiatische Kontinent wird durchzogen von einer riesigen Hochgebirgszone, die vom Anatolischen Hochland bis in das südöstliche Sibirien reicht. Die Gebirgsketten umschließen oft Hochländer, Becken und Tiefländer und treffen an verschiedenen Knotenpunkten wieder zusammen.

② Trage die Nummern der nachfolgenden Gebirge in die nebenstehende Skizze ein und male aus.

1 Uralgebirge
2 Pamir
3 Hindukusch
4 Elbursgebirge
5 Kaukasus
6 Pontisches Gebirge
7 Himalaya
8 Karakorum
9 Kunlun Shan
10 Tian Shan
11 Altai
12 Jablonowygebirge
13 Werchojansker Gebirge
14 Südchinesisches Bergland

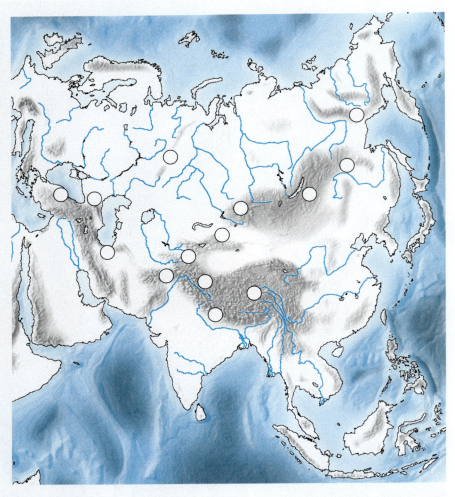

Die vor etwa 60 Mio. Jahren entstandenen Hochgebirgsketten gliedern Asien auch klimatisch in einen nördlichen und einen südlichen Teil mit extremen Unterschieden in den Niederschlagsmengen und Temperaturen. Während Nord- und Zentralasien ein ausgeprägtes Kontinentalklima aufweisen, herrscht südlich der Gebirgskette überwiegend warmgemäßigtes und tropisches Regenklima.

③ Wodurch sind Kontinental- und Seeklima gekennzeichnet?

④ Warum bilden sich über dem Kontinent im Sommer zahlreiche Tiefdruckgebiete, im Winter jedoch Hochdruckgebiete? Welche Auswirkungen haben sie auf das Klima in Gesamtasien?

Nordasien

> Klebe die Karte vom Ausschneideblatt ein.

Kennzeichen von Tundra und Taiga in Nordasien, das zum größten Teil aus dem sibirischen Russland, Kasachstan, Usbekistan und Turkmenistan besteht, sind Dauerfrostböden. Sie sind Überreste der Eiszeit und reichen oft bis in 1000 m Tiefe. Nur an der Oberfläche taut der Boden in dem zweimonatigen Sommer leicht auf. Dann entfaltet sich inmitten von Flechten, Moosen, Wiesen, Zwergsträuchern und Krüppelbäumen das Leben in der Tundra. Die südlichere Taiga („Bergurwald") besteht überwiegend aus frostbeständigen Nadelbäumen sowie Birken und Espen.

① Welche natürlichen Grenzen ergeben sich für Nordasien?

③ Schreibe wichtige Flüsse dieser Region und deren Längen auf (Atlas, Lexikon).

② Nordasien ist reich an Bodenschätzen. Schreibe die Fundgebiete auf (Atlas).
Erdgas (weltweit größte Fördermenge): _____

Eisen, Kupfer, Kobalt, Zinn, Nickel: _____

Kohle: _____

Diamanten: _____

Gold: _____

④ Warum gibt es in der Tundra überwiegend niedrig wachsende Pflanzen?

Russland (Russische Föderation)

Die Russische Föderation umfasst verschiedene Wirtschaftsgebiete, die ihrerseits in autonome Kreise/Bezirke und Gebiete bzw. Verwaltungsregionen und -gebiete gegliedert sind.

⑤ Kläre den Begriff Russische Föderation.
⑥ Fertige eine Liste an mit den Namen der Republiken, die zur Russischen Föderation gehören.

Der Aralsee

An der Grenze zwischen Usbekistan und Kasachstan liegt der Aralsee. Durch den Bau von Talsperren und den intensiven Bewässerungsfeldbau (Baumwollplantagen in Turkmenistan) ist in den letzten Jahrzehnten immer weniger Wasser zugeflossen. Geringe Niederschläge und starke Verdunstung sind weitere Gründe dafür, dass der einst viertgrößte See der Erde seit 1969 über 40% seiner Oberfläche verloren hat und sich große Salzwüsten bildeten.

⑦ Beschreibe die Auswirkungen für die gesamte Gegend. Berücksichtige dabei die Vorteile für die Landwirtschaft und die Nachteile dieser Veränderungen (Umweltbelastung, Berufe, Tier- und Pflanzenwelt).

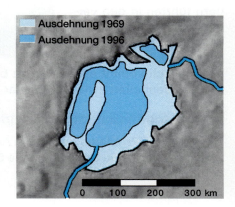
Ausdehnung 1969
Ausdehnung 1996

23

Projekt „Problemgebiet Naher Osten"

Während der vergangenen Jahrzehnte kam es in den Ländern des Nahen Ostens immer wieder zu Kriegen und politischen Auseinandersetzungen, die bis in die heutige Zeit andauern.
Besondere Krisengebiete sind Palästina und die Türkei.

> Die Themenbereiche können im Rahmen eines Projektes erarbeitet werden. Die einzelnen Gruppenaufgaben sind dabei jedoch nur als Anregung und Hilfe gedacht. Andere Fragen und Aufgabenbereiche sind durchaus denkbar.
> 1. Vervielfältige die Arbeitsergebnisse aller Gruppen in Klassenstärke.
> 2. Hefte deine Kopien hinter diese Seite.

Israel und seine Nachbarn

1 Arbeitsaufgaben für eine Gruppe

Obwohl sich die politischen Beziehungen Israels zu den Nachbarstaaten seit 1991 verbesserten, ist es wirtschaftlich weitgehend isoliert.
1. Welche Gebirge, Flüsse und Städte liegen in Israel? Fertigt eine Karte an und tragt ein.
2. Welche Bedeutung haben der Jordangraben und das Tote Meer für Israels Wirtschaft?
3. Stellt wichtige Ein- und Ausfuhrgüter Israels zusammen. Mit welchen Ländern betreibt Israel Handel?

2 Arbeitsaufgaben für eine Gruppe

Seit der Erklärung des britischen Außenministers Balfour im November 1917 wanderten Juden verstärkt nach Palästina ein und wollten sich eine nationale Heimat schaffen. Sie verdrängten nach und nach die dort ansässigen Araber und gründeten schließlich 1948 einen eigenen Staat mit einer eigenen Armee.
1. Zu welchen Auseinandersetzungen mit den Arabern und Palästinensern kam es seit 1948? (Geschichtsbücher)
2. Welchen Religionsgruppen gehören die Israelis, Palästinenser und ihre Nachbarn an?

3 Arbeitsaufgaben für eine Gruppe

Ein großes Problem bei der Verständigung der verschiedenen Gruppen bilden die Stadt Jerusalem und die Besiedlung der besetzten Gebiete.
1. Welche wichtigen Bauwerke gibt es in Jerusalem? (Reiseprospekte, Bildbände)
2. Welche Bevölkerungsgruppen haben ein Interesse an der Stadt? Warum?
3. Stellt die unterschiedlichen Standpunkte der Israelis und Palästinenser in der Siedlungspolitik des Landes dar.

Die Türkei und ihre Nachbarn

Im Osten der Türkei, im Westen Irans und im Norden Iraks und Syriens leben die Kurden. Sie versuchen teilweise mit Waffengewalt einen eigenen nationalen Staat ähnlich Israel einzurichten.
Außenpolitische Probleme in der Ägäis und auf der Mittelmeerinsel Zypern führten in den vergangenen Jahren immer wieder zu Spannungen mit der EU. Aber auch innenpolitisch kommt es ständig zu bewaffneten Auseinandersetzungen mit den Kurden und zu Meinungsverschiedenheiten zwischen Militär und Glaubensvertretern.

5 Arbeitsaufgaben für eine Gruppe

1. Um welche Probleme geht es im Ägäischen Meer?
2. Worin besteht die Ursache für die Spannungen auf Zypern?

6 Arbeitsaufgaben für eine Gruppe

1. Welche Menschenrechtsverletzungen werden der türkischen Regierung und der PKK vorgeworfen?
2. Welche Auseinandersetzungen gibt es mit den radikalen Islamisten?

Erdöl am Persischen Golf

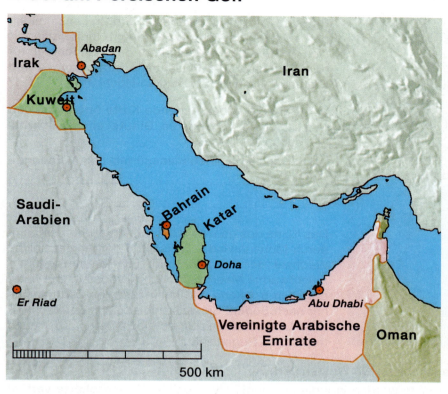

Im Bereich der Arabischen Halbinsel liegen gewaltige Erdöl- und Erdgasreserven. Besonders ergiebig ist die Förderung von Erdöl am Persischen Golf. Riesige Pipelines transportieren das Öl zu den Häfen auch am Mittelmeer.
Erdöl ist weltweit der wichtigste Energielieferant.

Erdölförderung 2001		
379	Mio. t	Saudi-Arabien
337	Mio. t	Russland
253	Mio. t	USA
175	Mio. t	Mexiko
165	Mio. t	China
163	Mio. t	Norwegen
159	Mio. t	Iran
157	Mio. t	Venezuela
131	Mio. t	Kanada
130	Mio. t	Kuweit
112	Mio. t	Ver. arab. Emirate
108	Mio. t	Großbritannien
107	Mio. t	Nigeria
78	Mio. t	Indonesien
78	Mio. t	Brasilien
68	Mio. t	Algerien
3,4	Mio. t	u.a. Deutschland

① Welche erdölfördernden Staaten liegen am Persischen Golf?
② Welche 11 Mitgliedsstaaten sind der OPEC angeschlossen?

③ Supertanker fassen oft mehr als 300 000 m³ Ladung Öl. Welche Vorteile, aber auch Gefahren ergeben sich durch den Transport des Öls auf dem Seeweg?

Vorteile	Nachteile

Immer wieder spielten die Rohstoffvorkommen dieser Region, besonders aber die Vorräte an Erdöl und Erdgas, bei Streitigkeiten zwischen den einzelnen Staaten eine wesentliche Rolle. Eine der letzten kriegerischen Auseinandersetzungen mit Auswirkungen selbst für Europa waren die beiden Golfkriege.

④ Stelle aus Zeitungsarchiven oder Geschichtsbüchern Einzelheiten über den Golfkrieg zusammen und hefte einen Bericht hinter diese Seite. Berücksichtige auch, welche Interessen die beteiligten Staaten vertraten und welche wirtschaftlichen Auswirkungen der Krieg für Europa und Deutschland hatte.

⑤ Die kriegerischen Auseinandersetzungen in dieser Region führten nicht zu einem dauerhaften Frieden. Berichte über die Entwicklung insbesondere des Iraks.

In fast allen Ländern am Persischen Golf ist die Wirtschaft einseitig abhängig vom Erdölexport. Daneben sind ein besonders in Europa begehrter Exportartikel Teppiche. Vielfach werden sie nach Städten oder Regionen benannt, in denen sie angefertigt wurden. Die Muster werden in der Familie von Generation zu Generation weitervererbt. Oft müssen auch Kinder beim Knüpfen helfen.

⑥ Stelle aus Prospekten von Teppichfirmen eine Liste von Teppichnamen zusammen und ermittle das Herkunftsland (Atlas).

⑦ Wie viele Knoten müssen bei einem wertvollen Teppich ungefähr geknüpft werden, bis ein Quadratmeter erreicht ist?

Indien

Pakistan, Indien, Bangladesch und Sri Lanka bilden den vorderindischen Subkontinent. Indien gliedert sich in drei Großlandschaften: das Randgebiet vor dem Himalaya, die Flussebenen des Ganges und Brahmaputra und das Dekkan-Hochland.

① Male die nebenstehende Karte farbig aus und trage die wichtigsten Städte ein. Beschrifte auch die Flüsse.

② In welchen beiden Klimagürteln liegt Vorderindien? _____

_____

Das Klima des ganzen Subkontinents wird bestimmt durch Monsunwinde. Typisch ist der jahreszeitliche Wechsel der Windrichtung. Im Sommer gelangt feuchtwarme Meeresluft nach Nordosten, im Winter dagegen trockene und kühle Luft von Zentralasien her nach Süden. So weist Indien auch unterschiedliche Landschaften auf; es gibt Wüsten, aber auch tropischen Regenwald.

③ Wo liegen die Hauptniederschlagsgebiete, wo Wüsten? Erkläre.
④ Welche landwirtschaftlichen Produkte werden in Indien erzeugt? Über welche Bodenschätze verfügt das Land? Trage in die Tabelle ein.

Landwirtschaftliche Produkte:	Bodenschätze:

Obwohl in Indien über 50% aller Beschäftigten in der Landwirtschaft tätig sind, reichen die Ernten oft nicht aus, die stark anwachsende Bevölkerung (2001 1014 Mio., Zuwachs jährlich etwa 16 Mio.) zu ernähren. Hungersnöte und Krankheiten breiteten sich in den letzten Jahren immer mehr aus.

Abstammung, Sprache und Religion der Inder sind außerordentlich vielfältig. Die meisten Inder (80%) sind Hindus. Amtssprachen sind Hindi und Englisch, daneben gibt es über 1652 Sprachen und Dialekte.

⑤ Warum ist eine der beiden Amtssprachen Englisch?

_____

_____

_____

_____

Bangladesch besteht zum größten Teil aus Schwemmland, auf dem hauptsächlich Reis (3 Ernten), Tee, Baumwolle und Jute angebaut werden. Das Mündungsdelta von Ganges und Brahmaputra ist noch 300 km von der Küste entfernt nur etwa 10 m hoch und durch das Hochwasser der Flüsse und durch Wirbelstürme stark gefährdet. Immer wieder kommt es zu Überschwemmungen mit zahlreichen Obdachlosen und Toten (1991 290 000 Tote).

China - ein gigantisches Land

Den größten Teil Ostasiens nimmt die Volksrepublik China ein. Schon seit 1800 v. Chr. gab es in China Hochkulturen. Chinas Geschichte ist geprägt durch zahlreiche Eroberungs- und Verteidigungskriege. Die Chinesische Mauer, ein Wahrzeichen jener Zeit, ist mit einer Länge von rund 2 450 km, einer Höhe bis zu 16 m und einer Stärke von 5 bis 8 m eines der berühmtesten Bauwerke Asiens. Seit 1949 ist China kommunistisch.

① Die Chinesische Mauer wurde in den Jahren 221 bis 210 v. Chr. erbaut und im 15. Jh. erneuert. Warum war diese Mauer so wichtig? _____

Ein großer Teil der Landesfläche Chinas ist gebirgig, ein Viertel liegt höher als 3 000 m. Zwischen den Gebirgen liegen riesige Becken mit Stein-, Sand- und Salzwüsten. Der größte Teil der Bevölkerung lebt in der Mandschurischen Ebene, der Großen Ebene mit den Flüssen Huang He und Jangtsekiang sowie in dem südchinesischen Hügelland mit dem Xi-Jang-Delta. Insbesondere die Landwirtschaft auf dem in Ackerland umgewandelten Schwemmland der Ebene bietet 61% der Bevölkerung Arbeit. In der Industrie sind 50%, im Dienstleistungsbereich 33% der Beschäftigten tätig. Nach vorsichtigen Schätzungen wird im Jahre 2010 die Stadtbevölkerung von derzeit 32% der Gesamtbevölkerung auf 50% anwachsen.

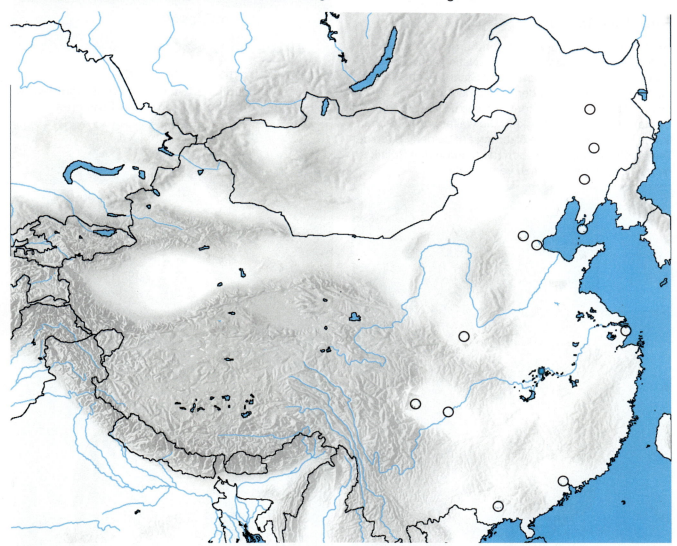

② Vervollständige die Karte Chinas mit den Städte- und Flussnamen und male entsprechend den Höhen farbig aus (Atlas).

③ Viele Chinesen fahren mit dem Fahrrad. Gib einige Gründe an.

④ Zeichne in der Karte Fundstellen der Bodenschätze (Eisenerz, Kohle, Erdöl, Erdgas) und die Hauptanbaugebiete von Reis, Tee und Baumwolle ein. Erkläre den Zusammenhang von Anbaugebiet und Bodenbeschaffenheit.

Hauptstadt Peking

Seit 1000 v. Chr. ist Peking Hauptstadt. Der Grundriss der alten Stadt ist nahezu quadratisch. Eine 13 m hohe Mauer mit 11 Toren umgibt die Innere Stadt, die wiederum die Kaiserstadt mit unzähligen Tempeln, Klöstern, Pagoden und Palästen enthält. Die Mitte der Kaiserstadt bildet die von einer roten Mauer umgebene Verbotene oder Rote Stadt mit dem Kaiserpalast.

① Peking heute:

Fläche: _____

Bevölkerung: _____

Hongkong - ehemalige britische Kolonie

Mit der Übergabe der Kolonie an die VR China wurde Hongkong am 1. 7. 1997 eine Sonderverwaltungszone Chinas. 50 Jahre lang sollen in Hongkong demokratische Rechte und das westlich orientierte Wirtschaftssystem unangetastet bleiben.

Republik Taiwan

Nach bürgerkriegsähnlichen Unruhen in der ersten Hälfte des 20. Jahrhunderts gründeten Nationalchinesen 1947 auf der Insel Formosa den eigenen Staat Taiwan. Während die VR China immer wieder politische Ansprüche auf die Insel geltend machte, betonte Taiwan (ROC - Republic of China) seine Unabhängigkeit. Die vielfachen wirtschaftlichen Interessen der Bevölkerung auf beiden Seiten der Taiwanstraße macht es auch heute noch den Politikern nicht leicht, miteinander zu verhandeln.

Korea - ein geteiltes Land

Nördlich und südlich etwa des 38 Breitengrades liegen die beiden Staaten Nord- und Südkorea.

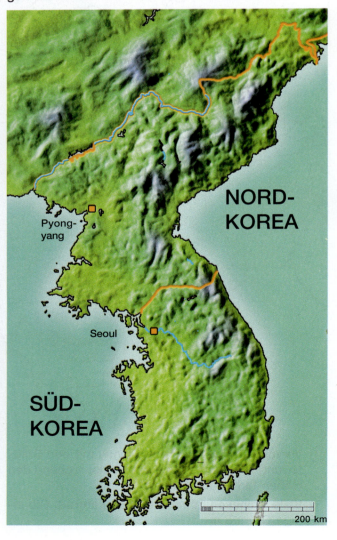

② Welche Handelsgüter werden aus Taiwan bzw. aus Korea in die Bundesrepublik Deutschland eingeführt?

Ostasien

Wirtschaftsgroßmacht Japan

Am Rand des asiatischen Schelfs liegt Japan, das Land der aufgehenden Sonne. Seine Inseln sind überwiegend vulkanischen Ursprungs und in weiten Teilen mit Wald bewachsen. Etwa ein Achtel der Landesfläche kann ackerbaulich genutzt werden. Eine intensive Bewirtschaftung wird durch Terrassenbau ermöglicht, dadurch ist Japan weitgehend unabhängig von Lebensmitteleinfuhren. Hauptnahrungsmittel ist wie in vielen anderen asiatischen Ländern der Reis. Auch Obst- und Gemüseanbau sowie Fischfang sind von großer Bedeutung.

① Wie heißen die 4 Hauptinseln Japans?

Steckbrief Japan
Inselkette 3000 km lang   Einwohnerzahl: 126,7 Mio.
rund 4000 Inseln
Hauptstadt: Tokio

Das Klima der Inseln wird bestimmt durch die kalte und warme Meeresströmung sowie die Gebirgslandschaft.

② Beschreibe anhand der Klimakarte von Japan das Klima der Inseln (Atlas). Vergleiche mit Europa.
③ Wie heißen die beiden Meeresströmungen?

④ Trage die Namen der Städte in die Karte ein:
Tokio, Yokohama, Osaka, Nagoya, Sapporo, Kyoto, Kobe, Fukuoka, Hiroshima, Kitakyushu, Sendai

Immer wieder kommt es in Japan auch zu Naturkatastrophen. Erdbeben mit hohen Flutwellen, Taifune und über 60 tätige Vulkane gefährden das Leben in diesem Land.

Japan konzentriert sich seit dem 2. Weltkrieg auf seine Wirtschaft. Es ist führend im Bereich von Erfindungen und Patenten, Lernen hat absoluten Vorrang. Durch die Industrialisierung wuchs die Bevölkerung in den Städten von 42% (1950) auf 79% (2001). Viele Umweltprobleme entstanden.

⑤ Nenne einige Folgen des schnellen Industrieaufbaus.

Weltstadt Tokio und andere Megastädte

Stadt	Staat	2001	2015
Tokio	Japan	27 Mio E.	27 Mio E.
Sao Paulo	Brasilien	18 Mio E.	21 Mio E.
Mexiko-Stadt	Mexiko	18 Mio E.	20 Mio E.
Bombay	Indien	17 Mio E.	23 Mio E.
New York	USA	17 Mio E.	18 Mio E.
Dhaka	Bangladesch	13 Mio E.	23 Mio E.
Delhi	Indien	13 Mio E.	21 Mio E.
Kalkutta	Indien	13 Mio E.	17 Mio E.
Los Angeles	USA	13 Mio E.	15 Mio E.
Shanghai	China	13 Mio E.	14 Mio E.
Buenos Aires	Argentinien	12 Mio E.	13 Mio E.
Jakarta	Indonesien	11 Mio E.	17 Mio E.
Peking	China	11 Mio E.	12 Mio E.
Osaka	Japan	11 Mio E.	11 Mio E.
Karachi	Pakistan	10 Mio E.	16 Mio E.
Manila	Philippinen	10 Mio E.	13 Mio E.

Südostasien

Der südostasiatische Raum erstreckt sich vom Golf von Bengalen über die vom Himalaya ausgehenden nach Süden verlaufenden Gebirgszüge bis zum 141. Längengrad (ö.L.) im Osten. Er umfasst einen Festlandteil und über 20.000 Inseln. Dieser südliche Inselbogen (Insulinde) trennt den Indischen vom Pazifischen Ozean und endet im Norden mit den Philippinen. Dazwischen liegen mehrere Randmeere.

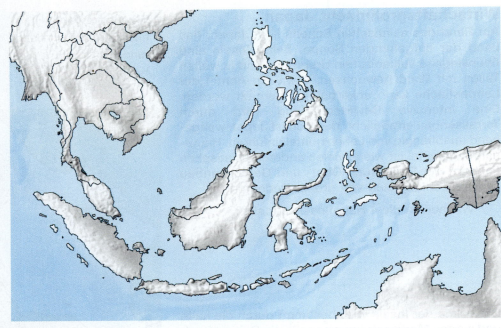

① Welche Länder oder Staaten gehören zu diesem Gebiet? Gliedere nach Festland und Inselgruppen.

② Welche Randmeere liegen zwischen den Philippinen und Indonesien?

③ Male die Karte farbig aus und trage die Namen der Staaten und Randmeere ein.

Hinterindien

Das tropische Monsun- und Regenklima begünstigt den Reisanbau in den fruchtbaren Tälern des Festlandes. Sie sind meist Schwemmlandgebiet der Flüsse. Terrassenförmig angelegte Hänge vergrößern die Anbauflächen, auch sind mehrere Ernten im Jahr möglich. Die überwiegend agrarisch genutzten Ebenen sind dicht besiedelt, während in den tropischen Regenwäldern und Berggebieten nur wenige Menschen leben. In den Export gelangen neben Kaffee, Tee und Reis hauptsächlich Tropenhölzer. Kahlschlag und Brandrodungsfeldbau schränken den Lebensraum gefährdeter Tiere vielfach weiter ein.

④ Suche aus dem Atlas die Bodenschätze Hinterindiens heraus und trage ein.

Myanmar:

Kambodscha:

Singapur:

Laos:

Thailand:

Vietnam:

Malaysia (ohne Inseln):

⑤ Welche Tiere dieser Region sind besonders gefährdet?

Philippinen

Zwischen Taiwan und Indonesien liegen die Philippinen. Über eine Entfernung von etwa 2000 km verteilen sich rund 7000 Inseln. Die Landschaft ist gekennzeichnet durch hohe Gebirgsketten. Viele ihrer Gipfel sind tätige Vulkane, als gefährlichster gilt der Mount Mayon im Südosten der Insel Luzon, der -statistisch gesehen - etwa alle 8 Jahre ausbricht. Dagegen lieferte den stärksten Ausbruch in diesem Jahrhundert der Pinatubo auf der Insel Bohol. Auf den fruchtbaren vulkanischen Böden wachsen Reis, Mais, Kokospalmen, Zuckerrohr, Kaffee, Kakao, Tabak, Manilahanf und tropische Früchte. Die Inseln sind auch reich an Bodenschätzen wie Gold, Silber, Zink, Eisen, Kupfer und Nickel.

Aus der Geschichte der Philippinen
Im Jahre 1519 segelte der portugiesische Seefahrer Fernao de Magalhaes (Magellan) unter spanischer Flagge nach Westen. Er entdeckte die Durchfahrt vom Atlantischen zum Pazifischen Ozean (Magellanstraße) und erreichte 1520 die Marianen. 1521 landete er auf den Philippinen, wo er von Eingeborenen erschlagen wurde. Lange bevor die Spanier die Insel in Besitz nahmen, hatten sich in dieser Region Moslems angesiedelt. Während der amerikanischen Kolonialzeit (1898 - 1946) kam es zu vielfachen Umsiedlungen auch auf der Insel Mindanao. Die Auseinandersetzungen zwischen Christen und Moslems führten seit 1970 zu bürgerkriegsähnlichen Unruhen.

① In welche fünf Gruppen (Archipele) lässt sich die Inselrepublik einteilen?

② In welcher Richtung verlaufen die Gebirgsketten und welche Höhe erreichen sie?

Indonesien

Mit 13 677 Inseln (Küstenlänge 55 000 km) ist Indonesien einer der inselreichsten Staaten der Erde. Früher war die Inselkette ein riesiger Gebirgszug, der Asien und Australien verband. Absenkungen des Landes und Erhöhungen des Meeresspiegels durch Eiszeiten führten zur Bildung von Inseln, auf denen sich heute etwa 200 erloschene und rund 100 tätige Vulkane befinden.

③ Vervollständige die Tabelle.

Region	Fläche in km²	Einwohner (2000)	Einwohner je km²
Sumatra	473 481	47 410 000	
Java	132 186	121 353 000	
Kl. Sundainseln	82 927	11 112 000	
Borneo	539 460	11 331 000	
Celebes	189 216	14 946 000	
Molukken/Papua	496 486	4 211 000	
insgesamt			

④ Welche Insel hat die höchste Bevölkerungsdichte (Einw. je km²)?

⑤ Suche aus dem Atlas die Bodenschätze und landwirtschaftlichen Erzeugnisse der einzelnen Inseln heraus und stelle sie in einer Tabelle zusammen.

⑥ Welche beiden Staaten gehören zu der Inselgruppe, aber nicht zu Indonesien?

⑦ Welchen anderen Namen haben die Molukken?

⑧ Warum unternahmen die Europäer im Mittelalter so viele gefährliche Fahrten, um nach Süd- und Südostasien zu gelangen?

Indonesien und auch die Philippinen sind beliebte Urlaubsziele in Südostasien. Besonders Bali in Indonesien wird oft von Europäern besucht.
Die Insel ist touristisch gut erschlossen und bietet neben der landschaftlichen Schönheit viele kulturelle Eindrücke.

⑨ Sieh in Reiseprospekten nach und berichte über Sehenswürdigkeiten und Tourismusangebote in Südostasien.

⑩ Beide Staaten, die Philippinen und Indonesien, sind sich in vielen Bereichen ähnlich. Suche Gemeinsamkeiten und schreibe sie auf.

Projekt „Asien heute"

Arbeitsaufgaben für alle Gruppen

Fertigt gemeinsam die Teile einer vergrößerten Karte von Asien an (z. B. mit Hilfe von Projektion, Raster- oder Kopievergrößerung). Der Maßstab für alle Teile muss gleich sein. Jede Gruppe benötigt eine Großkarte. Für die Aufgaben sind Atlas, Fachbücher und Lexika erforderlich.

1 Arbeitsaufgaben für eine Gruppe

1) Zeichnet schematisch die Gebirgszüge und Täler in die Karte.
2) Tragt die tätigen Vulkane (soweit möglich, mit Namen) und die Erdbebengebiete ein.
3) Sucht Erklärungen für die tektonischen Veränderungen der Erdoberfläche.
4) Wie reagieren die Menschen auf die Katastrophen? Welche Vorsichtsmaßnahmen treffen sie und welche Hilfen werden im Ernstfall geleistet? Sucht nach Beispielen (Zeitungsarchive, Übersichten).

2 Arbeitsaufgaben für eine Gruppe

1) Stellt eine Übersicht über die Klimazonen Asiens zusammen und zeichnet die Begrenzungen in die Karte ein.
2) Gebt zu jeder Klimazone die wesentlichen Merkmale und Auswirkungen an und klebt den Bericht in die Karte.
3) Setzt die natürliche Vegetation dazu in Beziehung und färbt die Landschaften entsprechend ein.

3 Arbeitsaufgaben für eine Gruppe

1) Tragt in die Karte die verschiedenen landwirtschaftlichen Erzeugnisse ein. Markiert besonders die Grundnahrungsmittel.
2) Kennzeichnet Export und Import von Lebensmitteln durch Pfeile.
3) Stellt die Hungerregionen Asiens fest. Berichtet.

4 Arbeitsaufgaben für eine Gruppe

1) Zeichnet in die Karte die Industriezentren ein. Über welche wichtigen Bodenschätze verfügt Asien?
2) Mit welchen Staaten treiben die Länder Asiens Handel? Zeichnet Pfeile (Doppelpfeile) für die Handelsbeziehungen ein. Schreibt Wirtschaftsgemeinschaften auf und erklärt die Abkürzungen.

5 Arbeitsaufgaben für eine Gruppe

1) Schreibt auf, welche Sprachgruppen in Asien vorkommen. Sucht Beispiele für die verschiedenen Schriften und klebt sie richtig auf die Karte.
2) Schneidet Bilder aus Reiseprospekten aus und klebt sie auf.
3) Tragt Berichte über das Alltagsleben der Menschen in Asien zusammen und fertigt eine kleine Broschüre an.

6 Arbeitsaufgaben für eine Gruppe

1) Welchen Religionsgemeinschaften gehören die Menschen Asiens an? Schreibt die Namen auf Kärtchen und klebt sie an die richtigen Stellen.
2) Berichtet über wichtige Inhalte und Merkmale der Religionen.

7 Arbeitsaufgaben für eine Gruppe

1) Stellt auf der Großkarte Bevölkerungszahl und Bevölkerungswachstum in den einzelnen Regionen durch Kreise dar. Schneidet die Kreise aus und klebt sie auf die Karte.
Hilfen:
- Der Radius eines Kreises gibt die jeweilige Bevölkerungsstärke in der Region an. Die Maßeinheit für den Radius richtet sich nach der Größe der Karte. (z.B. Radius 1 cm entspricht 1 000 000)
- Die Farbe der Kreise gibt den Bevölkerungszuwachs an. (z. B. Gelb für < 1,0 %; Blau für 1,0 - 2,0 %; Grün für 2,1 - 2,5 %; Rot für 2,6 - 3,0 %; Schwarz für > 3,0 %)

8 Arbeitsaufgaben für eine Gruppe

1) Stellt die Krisenregionen Asiens fest. Unterscheidet mit Hilfe von selbst ausgedachten Symbolen, ob eine Region z. B.
- politisch unsicher ist (Regierung),
- sich wirtschaftlich in Schwierigkeiten befindet (Besitzverhältnisse, Weltwirtschaft),
- bürgerkriegsähnliche Unruhen aufweist,
- in kriegerische Auseinandersetzungen mit Nachbarn verwickelt ist,
- naturbedingte Katastrophen bewältigen muss (außer Erdbeben und Vulkanismus), ...
2) Klebt die Symbole in die Karte ein. Fertigt zu jedem Symbol - soweit möglich - einen kurzen Bericht an.

9 Arbeitsaufgaben für eine Gruppe

Viele Verhaltensweisen der Menschen und der politischen Führung basieren auf der jeweiligen Landesgeschichte.
1) Stellt zusammen, welche geschichtlichen Ereignisse der Vergangenheit in Asien große Auswirkungen auf die Neuzeit haben.
2) Sucht Erzählungen über Marco Polo und prüft, welchen Stellenwert sie heute noch haben.

10 Arbeitsaufgaben für eine Gruppe

Hängt die Gruppenergebnisse (Karten) nebeneinander und diskutiert mit den anderen Gruppen Übereinstimmungen, Unterschiede und Abhängigkeiten. Zahlreiche Erkenntnisse ergänzen sich. Ordnet diese Parallelitäten Sammelbegriffen unter und fertigt kurze schriftliche Zusammenfassungen an. Vervielfältigt die Ergebnisse der Diskussion für jeden Teilnehmer und heftet alles hinter diese Seite.

Afrika

Fläche: 30,3 Mio. km² (zweitgrößter Erdteil).
Bevölkerung: 600 Mio. (die genaue Zahl ist nicht festzulegen, z.B. Nomaden, Umsiedlungen).
Religion: je etwa 40% gehören zum Christentum bzw. Islam, Rest Naturreligionen.
Verkehr: geschieht überwiegend auf Straßen, Pisten; im Luftverkehr; Eisenbahn fast nur als Stichbahnen von der Küste zu Industrie - Bergbauzentren; Flussschifffahrt; bedeutende Verkehrsknotenpunkte sind Kairo, Khartum, Nairobi, Salisbury, Johannesburg, Dakar, Lagos, Casablanca, Kapstadt, Kinshasa.
Klima: meist tropisch mit Trocken- und Regenzeiten, im S. und N. subtropisch, Zentralafrika immer feucht heiß.

In geologischer Hinsicht ist Afrika ein uralter Kontinent. Weitgehend abgetragen sind heute die etwa drei Milliarden Jahre alten Gesteine Granit und kristalline Schiefer, die umfangreiche Bodenschätze bergen. Im Tertiär und in der Kreidezeit (vor etwa 65 bis 195 Mio. Jahren) bedeckten Meere den aus der Urzeit stammenden Sockel des Kontinents und lagerten mitgeführtes Lockermaterial darauf ab.

Von den Römern stammt der Name dieses Erdteils. Sie bezeichneten die Bewohner, die um die Stadt Karthago wohnten, als „Africani". Im Laufe der Zeit ging dieser Name auf die gesamte römische Provinz über. Der Kontinent Afrika ist ein Teil der sogen. „Alten Welt". Mit Asien ist er mit dem Isthmus von Suez verbunden. Von Europa ist Afrika durch das Mittelmeer getrennt. Die engste Stelle zwischen beiden Kontinenten liegt im Westen bei Gibraltar und beträgt rund 16 Kilometer.

① Besprecht die Kurzinformationen und den Text gemeinsam. Beratet u.a., warum die Bevölkerungszahl nicht sicher festzulegen ist. An den umherziehenden Nomaden und Stammesumsiedlungen liegt es nicht allein.

② Die Grenzen vieler afrikanischer Staaten verlaufen wie mit dem Lineal gezogen. Findet gemeinsam heraus, was die Ursachen sein könnten.

③ Schreibe die Ergebnisse der Aufgaben 1 und 2 auf ein Zusatzblatt und hefte es hier ab.

Fähre in Alexandrien

Piste in Zentralafrika

Wild am Wasserloch

Afrika - physische Übersicht

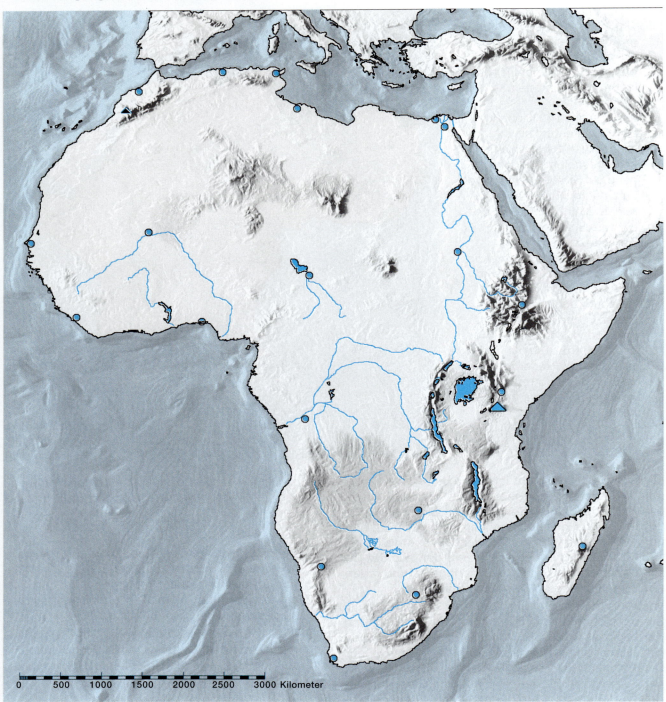

① Benutze zum Schreiben der Namen bzw. Begriffe einen spitzen Schreiber. Versuche klein, aber deutlich lesbar zu schreiben (in Druckschrift).

② Nimm einen Atlas zu Hilfe.

③ Benenne die Städte (blaue Punkte), die eingezeichneten Gebirge und Gebirgszüge, den höchsten Berg (Dreieck), die großen Wüstengebiete, die Flüsse und Seen (blau), den Kanal zwischen Afrika und Asien, die Inseln und die umgebenden Ozeane mit den Nebenmeeren.

④ Zeichne den Äquator (durchgehend) und die beiden Wendekreise (gestrichelt) mit einem Rotstift ein.

⑤ Male die Karte farbig aus. Versuche die farblichen Abstufungen einander anzugleichen.

⑥ Miss und trage ein:

Die Nord-Süd-Ausdehnung Afrikas beträgt etwa _____ km.

Die Ost-West-Ausdehnung Afrikas beträgt bei 10° nördl. Breite etwa _____ km.

Die Insel Madagaskar ist an der schmalsten Stelle etwa _____ km vom Festland entfernt.

Die Insel Madagaskar hat eine Länge von etwa _____ km.

Afrika - Wirtschaft / Bodenschätze

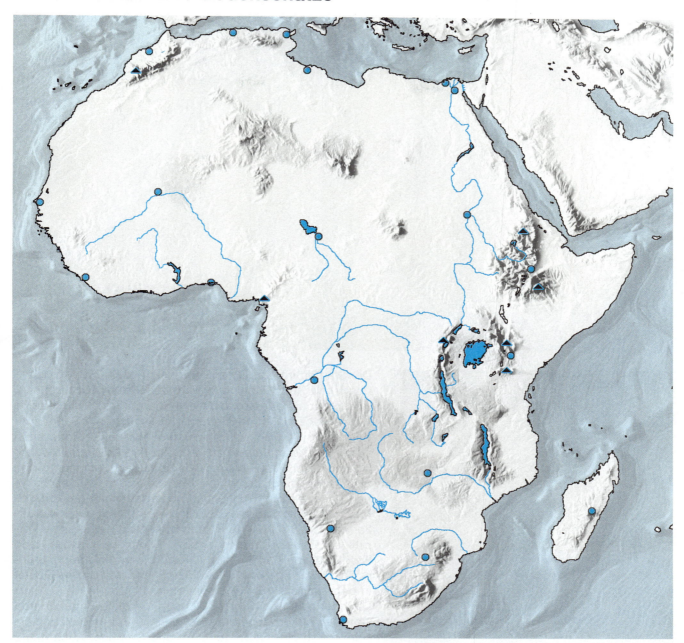

① Übertrage von S. 34 die wichtigsten Städte- und Flussnamen (evtl. abgekürzt) zur besseren Orientierung.

In der Landwirtschaft sind die meisten der in Afrika lebenden Menschen beschäftigt. Die Zahl schwankt - von Land zu Land verschieden - zwischen 50- und 95%. Eine Ausnahme ist Südafrika mit nur etwa 30%. Moderne Anbaumethoden und Arbeitsweisen sind heute weit verbreitet. Vor allem die Viehwirtschaft leidet unter Transportschwierigkeiten, strenger Vorschriften nichtafrikanischer Länder und Außenhandelsbeschränkungen anderer Wirtschaftsblöcke. Die reichen Bodenschätze werden vorerst noch in geringem Umfang abgebaut. Einige (z.B. Gold, Diamanten, Kobalt, Chrom, Vanadium) sind bereits erheblich an der Weltförderung beteiligt. Andere Industrie als Wirtschaftsfaktor ist nur in wenigen Ländern zu finden. Alltägliche Konsumgüter, z.B. Plastikartikel, Baumwollstoffe, Schuhe und landwirtschaftliche Rohstoffe werden maschinell verarbeitet.

② Aus dem Atlas (Wirtschaftskarte) übertrage in die Karte die Symbole (oder im Klassenverband abgesprochene andere Abkürzungen) für folgende Wirtschaftszweige: Eisen- und Stahlerzeugung - Buntmetallverhüttung - Maschinen-, Fahrzeug- und Gerätebau - Chemie - Textil/Bekleidung. Bergbau/Bodenschätze: Gold - Diamanten - Kobalt - Chrom - Vanadium - Blei/Zink - Kupfer - Phosphat.

③ Schreibe auf ein Zusatzblatt, wo sich die Schwerpunkte der o.a. Wirtschaftszweige und Bodenschätze befinden. Sucht gemeinsam Erklärungen für ihre Häufung in bestimmten Gebieten. Schreibe das Ergebnis auf das Zusatzblatt.

Das nördliche Afrika

Die Staaten im nördlichen Afrika sind nach ihrem Erscheinungsbild und Klima dem Mittelmeerraum zuzurechnen. Südlich von ihnen erstreckt sich die größte trocken-heiße Wüste der Erde. In der Sahara gibt es nicht nur Sand, sondern auch Geröll- und Felswüsten. Nur selten findet man Oasen, in denen Wasser zu Tage tritt und Ackerbau möglich ist. Heute ziehen nicht mehr viele Nomaden (Beduinen, Tibbu und Tuareg) durch die Wüste. Manche sind in neu geschaffenen Oasen (durch Brunnenbohrungen) sesshaft geworden.

Früher galt die Sahara als völlig wertlos. Seit einigen Jahrzehnten weiß man jedoch, dass die Wüste erhebliche Vorräte an Bodenschätzen besitzt. Nicht nur Erdgas- und Erdölquellen oder Steinkohlevorräte, sondern auch andere abbauwürdige Erze und Mineralien lassen dieses Gebiet in ganz anderem Licht erscheinen.

Dagegen sind die Küstenstriche in Marokko, Algerien und Tunesien Ackerbaugebiete. Schon im Altertum bezogen die Römer von hier Getreide, Obst und Gemüse. Auch heute importieren europäische Länder Datteln, Feigen, Wein, Oliven, Frühgemüse und Südfrüchte aus diesen Ländern.

① Schreibe die Namen der bekanntesten Staaten in die Karte.

② Besprecht den Text gemeinsam und betrachtet die Abbildungen (auch auf Seite 37).

③ Lest auf der Seite 37 die Arbeitsaufgaben 4, 5. Nach dem Ausfüllen die Tabellen ausschneiden, auf Zusatzblätter kleben und hier abheften.

④ Rechnet aus, wie viele Menschen im Jahr 2025 in den vier Ländern leben. Diskutiert darüber.

⑤ Besorgt euch Informationen über Mauretanien und die Westsahara (z.B. über den Konflikt zwischen Marokko und Mauretanien). Schreibe die Informationen auf das Zusatzblatt.

⑥ Welche abbauwürdigen Erze und Mineralienvorkommen gibt es in Nordafrika? Nimm aus dem Atlas die Wirtschaftskarte zu Hilfe und schreibe die Antwort auf ein Zusatzblatt.

Ägypten und der Nil

Seit Jahrtausenden ist das Schicksal der Menschen an den Ufern des Nil untrennbar mit diesem Strom verbunden. Er dient seit jeher als Nahrungsquelle und Verkehrsweg.

Schon die Hochkulturen in Ägypten nutzten gezielt den fruchtbaren Schlamm des Hochwassers zur Steigerung ihrer Erträge. Ein ausgeklügeltes System von Dämmen, Schleusen und Kanälen machte es möglich, das Nilwasser weit weg vom Fluss in die Siedlungen zu leiten. Dieses System war im Laufe der Jahrtausende immer weiter verbessert und ausgebaut worden.

Mit dem Bau von Staudämmen ist es heute möglich, die Wassermassen so zu regulieren, dass die alljährlichen Hochwasser sich stauen und aufs Jahr verteilt abgegeben werden können. Diese Regulierung der Fluten im richtigen Jahresrhythmus bedeutet Vervielfachung der Ernten und kommt daneben der Nilschifffahrt zugute.

Der größte Staudamm des Nil ist der Assuandamm. Hier konnten die Anbauflächen um 30% vergrößert werden. Vor der Inbetriebnahme mussten im Sudan etwa 60 000 und in Ägypten 50 000 Menschen umsiedeln. Etwa 20 bedeutende Baudenkmäler wurden auf andere Plätze verlegt. Der Stausee ist mehr als 5-mal so groß wie der Bodensee. Ein Wasserkraftwerk wandelt doppelt soviel elektrische Energie um, wie vorher in ganz Ägypten erzeugt wurde. Stahl- und Aluminiumhütten, sowie das gesamte Nildelta, profitieren davon.

① Beschreibe auf einem Zusatzblatt den Verlauf des Nil vom Ursprung bis zur Mündung ins Mittelmeer. Ein Atlas hilft dir dabei.

② Berühmte Wissenschaftler und Entdecker suchten im Laufe der Geschichte nach den Nilquellen. Befasst euch gemeinsam mit ihren abenteuerlichen Erlebnissen (evtl. Gruppenarbeit).

③ Ägypten kontrolliert den Suezkanal. Besprecht die wirtschaftliche Bedeutung des Kanals und seine Geschichte.

④ Auf dem Ausschneideblatt 3 und 4 sind drei noch nicht ausgefüllte Tabellen. Sie sind gedacht für Libyen, Algerien und Marokko. In Gruppenarbeit sollt ihr aus Lexika u.ä. die fehlenden Informationen beschaffen und diese eintragen. Vergleicht dann die vier nordafrikanischen Staaten miteinander (siehe Aufg. 5).

⑤ Auf dem Ausschneideblatt 3 sind tabellarisch die wichtigsten aktuellen Daten über Ägypten aufgeführt. Vergleicht sie mit Deutschland oder einem anderen westeuropäischen Staat.

Zentralafrika

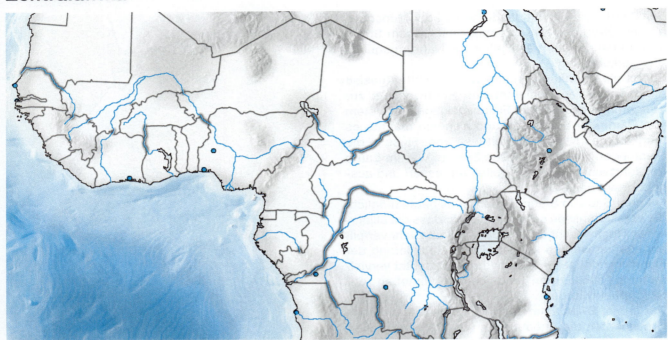

① Lies den Text und besprecht ihn gemeinsam.

Die Gebiete nördlich und südlich des Äquators - etwa der in der Mitte Afrikas gelegene Teil - nennt man Zentralafrika oder Äquatorialafrika. Man unterscheidet die Bereiche des Urwaldes, der trockenen und der feuchten Savanne. Im Urwald herrscht ein feuchtheißes Klima wie in einem Treibhaus mit fast gleich bleibenden Temperaturen um 26°/27° C. Die jährliche Niederschlagshöhe liegt bei 1 600 mm. Viele Pflanzenarten sind im Urwald zu finden. Dagegen ist die Tierwelt nicht so artenreich vertreten.

Während der Regenzeit bietet die feuchte Savanne einen grünen Anblick: Gräser, die in Büscheln stehen, Schirmakazien, Affenbrotbäume, hier und da auch Baumgruppen und kleine Wälder. Die Trockenzeit dauert etwa 3 Monate.

Nördlich davon schließt sich die trockene Savanne an. Auch hier verdorren während der Trockenzeit die in Büscheln stehenden kniehohen Gräser, Dornbüsche und Akazienarten verlieren die Blätter. Die Regenzeit ist kürzer. Wolkenbrüche verwandeln Bäche in reißende Flüsse.

② Trage in die Karte die Namen der bekanntesten Städte, Staaten oder Landschaften ein.

③ Male die Karte farbig aus. Die farblichen Abstufungen sollten ineinander übergehen.

④ Gruppenarbeit: Je zwei oder drei Schüler suchen sich einige afrikanische Staaten aus und berichten in einem Kurzreferat u.a. darüber, wann die Staaten unabhängig wurden, wie die Hauptstadt heißt, ob es ein Parlament gibt, Militärs die Macht besitzen und unter welcher Kolonialherrschaft der Staat evtl. stand. Die vorgestellten Daten kann jeder Schüler in einer Tabelle vermerken. Folgendes Beispiel dient als Anregung.

Land	unabhängig seit	Hauptstadt	Parlament ja	Parlament nein	Militär-Diktatur	Ehemalige Kolon. Macht
Angola	1975	Luanda	X			Portugal

Im Urwald

In der Savanne

Am Roten Meer

Der Süden Afrikas

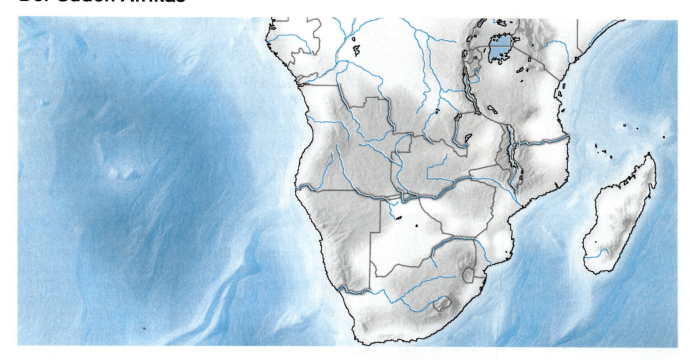

① Trage die Namen der wichtigsten Städte, Flüsse und der Inselstaaten in die Karte ein.

② Mit einem Rotstift ziehe die Staatsgrenzen nach und setze den Landesnamen ein.

③ Lies den folgenden Text und besprecht ihn gemeinsam.

Im Süden Afrikas kam es 1992 wegen einer Dürre zu Ernteausfällen von 60- bis 80%. Die darauf einsetzende Hungersnot verschärfte sich wegen voraufgegangener kriegerischer Auseinandersetzungen. Viele Jahre danach noch versuchen internationale Organisationen die Not zu lindern, doch eine chronische Mangelernährung ist weiterhin aktuell. Experten vermuten, dass 25- bis 30% der Afrikaner zu wenig Kalorien bekommen. Demgegenüber gibt es jedoch genügend Anbauflächen, um alle ausreichend zu versorgen.

④ Ihr sollt nun untersuchen, ob die im Süden Afrikas vorhandenen Anbauflächen nicht genutzt oder zweckentfremdet, d.h. keine lebensnotwendigen Produkte angebaut werden. Daneben ist herauszufinden, ob es weitere Möglichkeiten gibt, mehr Anbauflächen zu schaffen. Zu diesem Zweck müsst ihr noch einige Eintragungen in die Karte oben vornehmen. Fasst die Ergebnisse zusammen, schreibe dann auf ein Zusatzblatt und hefte es hier ab.

⑤ Aus dem Atlas (Karte über Afrikas Landwirtschaft) übertrage Ackerbau- und Bewässerungsland, Wiesen und Weiden. Stelle fest, ob Nutzpflanzen für den Eigenbedarf (Hirse, Maniok, Jams, Süßkartoffeln, Hülsenfrüchte) oder andere Pflanzen (z.B. Tee, Kaffee) angebaut werden bzw. Flächen brachliegen.

Deutsches Fort in Windhuk (Namibia)

Tafelberg bei Kapstadt

Kap der Guten Hoffnung

Geschichte / Kunst

In Ägypten ist das Niltal seit etwa 12 000 Jahren besiedelt, und schriftliche Aufzeichnungen gibt es aus dem 3. Jahrh. von dort. Hochkulturen bestanden in Westafrika bereits vor 3 000 Jahren. An der Westküste entstanden durch den Sklavenhandel im 16. Jahrh. mehrere Staaten. Doch schon vorher kam es zu einigen Reichsbildungen unter afrikanischer Herrschaft in allen Teilen des Erdteils. Erst nach und nach breitete sich der Islam aus, weil Ägypter und Araber immer weiter vordrangen.

Den Europäern - vor allem den Portugiesen - gelang ab dem 15. Jahrh. die Erkundung und Eroberung einiger Küstenstriche.

Über das Binnenland gab es erst Ende des 17. Jahrhunderts eine wissenschaftliche Beschreibung und eine entsprechende Karte um 1750. Mit der Gründung der „Afrikanischen Gesellschaft" in London im Jahre 1788 begann die eigentliche wissenschaftliche Eroberung des Kontinents. Besonders im 17. und 18. Jahrhundert war für Europa und Amerika der Sklavenhandel von wirtschaftlicher Bedeutung.

Araber und Europäer sind maßgeblich an der Kolonisierung Afrikas beteiligt. Besonders Portugal, Großbritannien, Belgien, Frankreich und später auch Deutschland erwarben oder eroberten große Gebiete.

① Lest und besprecht den Text gemeinsam.

② Informiert euch ausführlicher im Geschichtsunterricht über die historische Entwicklung Afrikas (evtl. Gruppenarbeit).

③ Gruppenarbeit: Erste wissenschaftliche Beschreibungen über das afrikanische Binnenland gibt es ab dem 18. Jahrh. Viele bekannte Forscher und Abenteurer durchzogen das Innere Afrikas und lieferten sensationelle Berichte in alle Welt. Mehrere Schüler suchen sich einen dieser Berühmtheiten aus und berichten über ihn und seine Reisen und Entdeckungen in Afrika.

Felszeichnungen und Funde lassen auf eine jahrtausendalte afrikanische Kunst schließen. Meistens sind die Motive religiöser Natur, stellen Jagdszenen oder Abläufe aus dem täglichen Leben dar. Natürlich hat der Islam die Kunst ebenso beeinflusst, wie Techniken und Ausdrucksweisen von Stamm zu Stamm verschieden sind. Auch in der aktuellen Kunst findet man in den Städten andere Darstellungsformen und Interpretationen vor als in der Savanne.

④ Schneide aus Prospekten, Reisebeschreibungen u.ä. Abbildungen afrikanischer Kunst aus, klebe alles auf ein Zusatzblatt und hefte es hier ab.

⑤ Vergleicht die Abbildungen afrikanischer Kunstobjekte mit den entsprechenden Darstellungen aus dem europäischen Raum.

Australien - der fünfte Kontinent

Der Bundesstaat Australien ist der kleinste Kontinent, aber das sechstgrößte Land der Erde. Er besteht aus dem Festland, der Insel Tasmanien und kleineren Inselgruppen vor den Küsten. Das Land ist voller Gegensätze, mal gelb blühende Berghänge, mal vom Wasser ausgewaschene Felsen in rötlichen Farbtönen oder endlose Wüsten (siehe Abbildungen). Das Aussehen des Kontinents hängt vorwiegend vom Regenfall ab (manchmal regnet es nur in jahrelangen Abständen).

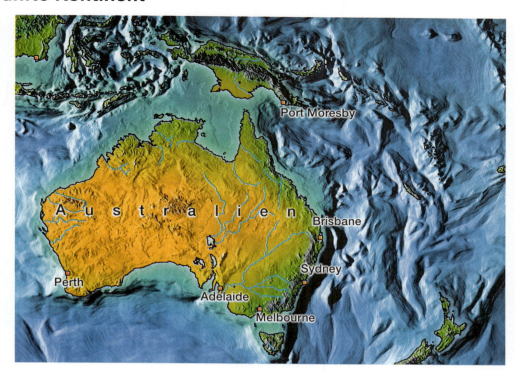

Fläche: 7,7 Mio. km² (doppelt so groß wie Europa)
Bevölkerung: 19,9 Mio. (2004)
Religionen:
    anglikanisch 26,2%, röm.-kath. 26,1%, and. christl. 24,4%
Rohstoffe:
    Bauxit, Blei, Diamanten, Eisenerz, Erdgas, Kohle, Kupfer, Mineralsande, Nickel, Rohöl, Silber, Uranium, Wolfram, Zink, Zinn.

Unabhängigkeit: 01. 01. 1901 (vorher Bund britischer Kolonien)
Sprachen: Englisch, Eingeborenenspr.
Klima: meist trocken, wüstenähnlich; im Osten und Süden gemäßigt; der Norden ist tropisch.
Landesnatur: überwiegend wüstenähnliche Tiefebene; der Südosten fruchtbare Ebene.
Besonderheiten: oft Dürren, verheerende Brände und Überschwemmungen; Süßwasser nicht überall vorhanden; Versteppungsgefahr.

① Lest den Text und besprecht ihn gemeinsam.

② Versucht im Biologieunterricht interessante Informationen über die Tier- und Pflanzenwelt Australiens zu bekommen.

③ Lest und besprecht die Kurzinformationen über Australien.

④ Sammelt Abbildungen aus Prospekten, Reisebeschreibungen u.ä. über diesen Kontinent, klebt alles auf Plakatpappe und hängt die Zusammenstellung im Klassenraum auf. Besprecht die Darstellungen und vergleicht sie mit denen aus Europa oder anderen Erdteilen.

⑤ Vergleicht die Entwicklung der Einwohnerzahlen von Australien mit den nordafrikanischen und westeuropäischen Staaten. Wo treten Unterschiede auf, und warum? Schreibe das Ergebnis eurer Untersuchung auf ein Zusatzblatt. Hefte hier ab.

Australien / Wirtschaft - Geschichte

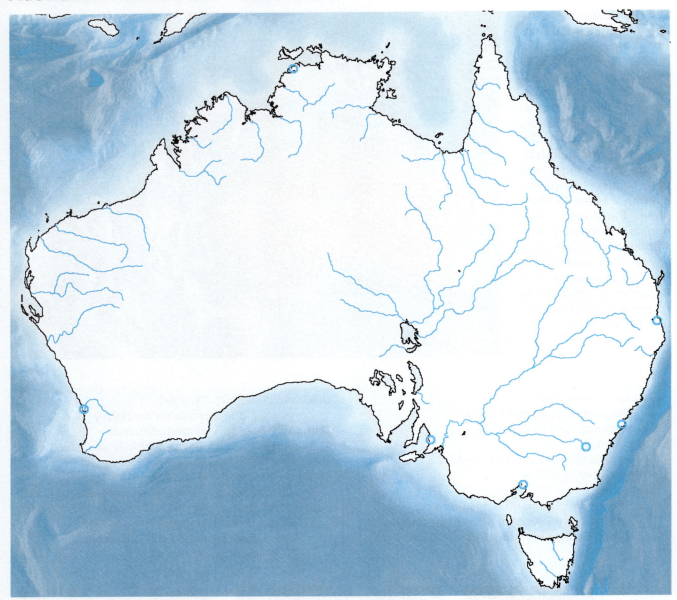

① Trage die Namen der Städte, größeren Flüsse, wichtigen Gebirge und Wüsten ein. Benenne die Meere, Meeresteile und die Insel im Süden Australiens. Benutze einen Atlas.

③ Aus dem Atlas (Wirtschaftskarte) trage die Symbole (oder im Klassenverband abgesprochene andere Abkürzungen) der wichtigsten Bodenschätze und Industriestandorte ein.

② Male die Karte farbig aus. Versuche die farblichen Abstufungen einander anzugleichen.

④ Schreibe auf ein Zusatzblatt, wo sich die Schwerpunkte der Wirtschaftszweige und des Bergbaues befinden. Sucht gemeinsam Erklärungen für ihre Häufung in bestimmten Gebieten. Schreibe alles auf das Zusatzblatt.

Vor über 40 000 Jahren besiedelten Aborigines den fünften Kontinent. Sie wanderten aus Südostasien ein und lebten bis zum Eindringen der Weißen als Sammler und Jäger. Die vielen Stämme der Aborigines unterschieden sich durch Religionen, Sprache und Kultur voneinander. Älteste Höhlen- und Felszeichnungen sind mehr als 5 000 Jahre alt. Schon vor dem Engländer James Cook, der 1770 an der Ostküste landete, berichteten holländische, spanische und portugiesische Seefahrer von Australien, Tasmanien und den vielen Inseln. Die Engländer gründeten 1788 in Neusüdwales die erste Siedlung aus Strafgefangenen. Erst nach 1880 durften freiwillige Einwanderer Land erwerben und erhielten ab 1842 das Recht zur Selbstverwaltung. England gewährte 1931 volle Eigenständigkeit.

⑤ Informiert euch im Geschichtsunterricht über die genauere historische Entwicklung des australischen Raumes. Befasst euch daneben mit den vielen Entdeckungsfahrten berühmter europäischer Seeleute ab dem 16. Jahrhundert. Notiere auf einem Zusatzblatt die Namen der Entdecker, Jahr und Ziele ihrer Reisen.

Ozeanien

Fläche: 1,25 Mio. km² (Landfläche, auf einen Meeresraum von etwa 66 Mio. km² verteilt),
Bevölkerung: etwa 8 Mio.
Rohstoffe: Nickel (Neukaledonien), Gold (Salomoninseln), Phosphate (Nauru),
Wichtigster Wirtschaftsfaktor: Kopra (Export), daneben auf einigen Inseln Anbau von Kaffee und Zuckerrohr.
Andere Exportartikel sind: Vanille, Fisch, Gewürznelken, Seemuscheln, Kokosnüsse, Fleisch, biologische Öle, Holz, Kupfer, Fertigwaren, Autoteile, Kautschuk, Kakao, Tabak.

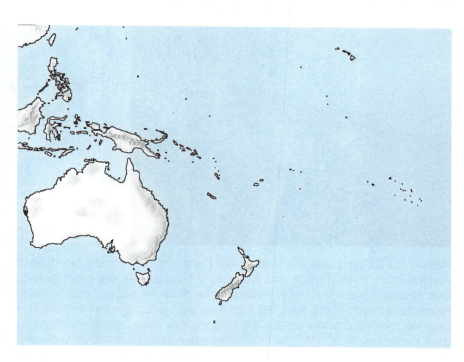

Unter Ozeanien versteht man geografisch die pazifische Inselwelt zwischen dem amerikanischen Kontinent im Osten und den Philippinen, Neuguinea, Australien und Neuseeland im Westen. Es gibt einige große und tausende von kleinen und kleinsten Inseln, die entweder vulkanischen Ursprungs oder aus Korallenkalk gebildet sind. Die ersteren zeichnen sich durch eine üppige Pflanzenwelt und manchmal hohe Berge aus, während die anderen flach sind und wenig Pflanzenbewuchs haben.

Man unterteilt die Inselwelt in Melanesien (Schwarzinseln), Mikronesien (Kleininseln) und Polynesien (Vielinseln). Völkerkundler rechnen Australien (mit Tasmanien), Neuseeland und Neuguinea noch zu Ozeanien.

Die Zahl der Ureinwohner Ozeaniens nimmt seit der Entdeckung durch die Weißen stetig ab. Ihre Reste vermischen sich zunehmend mit Einwanderern.

① Lest den Text und die Kurzinformationen (neben der Karte) gemeinsam und besprecht beides.

② Vergleiche die Meeresfläche Ozeaniens mit der Größe des Mittelmeeres und die Landfläche mit der der Bundesrepublik Deutschland.

③ Schreibe auf ein Zusatzblatt was Kopra ist und wie ein Atoll entsteht.

④ Zusatzblatt: Notiere die bekanntesten Inseln Ozeaniens.

⑤ Zusatzblatt: Rechne aus, wie viele Menschen in Ozeanien auf einem Quadratkilometer leben. Das Ergebnis vergleiche mit den entsprechenden Angaben über die Bundesrepublik Deutschland. Versucht, im gemeinsamen Gespräch eine Begründung für den Unterschied herauszufinden.

⑥ Gib mindestens drei der wichtigsten Importgüter an.

Südseestrand

Kultfigur / Osterinsel

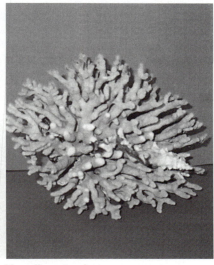
Korallenstock

Neuguinea und Neuseeland

Neuguinea ist die zweitgrößte Insel der Erde und liegt vor der Nordküste Australiens direkt südlich des Äquators. 1884 wurde die Insel geteilt. Der Westteil, Irian Jaya, war holländische Kolonie, bis er 1963 in indonesischen Besitz kam. Seit 1975 gibt es den unabhängigen Staat Papua-Neuguinea (für ihn gelten die Angaben in der Kurzinformation), in dem nur etwa 30 000 Weiße in den wenigen Handelszentren wohnen. Die Eingeborenen leben in der Stammestradition weiter und betreiben Naturalwirtschaft. In einigen Gebirgstälern des Nebelwaldes im Zentrum trifft man noch auf Pygmäen. Viele Sumpfgebiete, tropische Regenwälder und das unzugängliche Hochgebirge (Foto) lassen keine Kolonisierung oder Verkehrserschließung zu.

Ges.-Fläche: 0,772 Mio. km^2
davon Papua-Neuguinea: 0,462 Mio. km^2
Bevölkerung: (2004): 5,3 Mio. (2010): 5,7 Mio. (2025: 7,3 Mio. Melanesier, Papua, u.a.
Einheimische Religionen: 34%
Sprachen: 820 Eingeborenensprachen, Englisch nur 1-2% der Bevölkerung.

① Notiere auf einem Zusatzblatt Angaben über Klima, Wirtschaft und Bodenschätze (evtl. Gruppenarbeit). Benutze einen Atlas oder ein Lexikon o.ä.

② Vergleiche die Entwicklung der Einwohnerzahlen bis 2025 (in Prozenten) mit denen von Australien (Zusatzblatt).

③ Die folgenden Arbeitsaufgaben sind so gestaltet, dass sie in Partner- bzw. Gruppenarbeit durchgeführt werden können. Benutzt dabei einen Atlas, ein Lexikon o.a. Nachschlagewerke. Jede Arbeitsgruppe sollte das Ergebnis ihrer Arbeit in einem kurzen Referat allen anderen vorstellen, damit sich jeder Notizen auf Zusatzblättern machen kann.

Gruppe A: Die wichtigsten Daten über Neuseeland in einer Tabelle (s. Ägypten / Ausschneideblatt 3) sammeln.

Gruppe B: Über die geschichtliche Entwicklung Angaben machen.

Gruppe C: Es ist herauszufinden, welche Rohstoffe verfügbar sind, wo die bedeutenden Wirtschaftsstandorte liegen und wie das Verkehrsnetz ausgebaut ist.

Gruppe D: Bericht erstatten über das Bildungswesen (z.B. Schulpflicht, Schulformen) und das Gesundheitswesen (z.B. Ärzte / je Einwohner, Kliniken).

Neuseeländische Alpen

Küstenlandschaft

Die Polargebiete - Arktis und Antarktis

Rund um den Nord- und Südpol unserer Erde erstrecken sich große Gebiete, die dauernd von Eis bedeckt sind. Während sich das Festlandeis der Antarktis bis zum Polarkreis ausdehnt, reichen in die Polarzone der Arktis die Tundrengebiete weit hinein.

Die Randgebiete der Antarktis werden lediglich von einigen Tierarten bewohnt. In den Tundren der Nordpolarzone dagegen leben etwa eine halbe Million Menschen. Sie gehören zu ganz unterschiedlichen Volksgruppen und Nationalitäten.

Der Nordpol (Arktis)

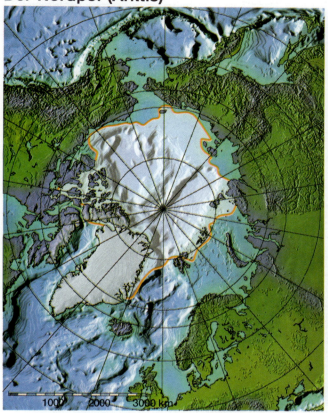

Der Südpol (Antarktis)

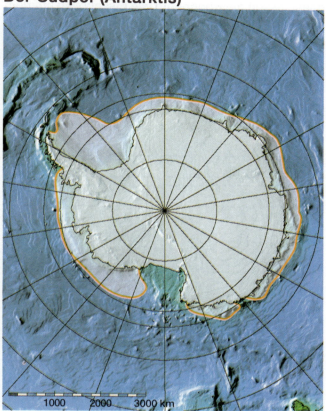

Während der eisbedeckte Nordpunkt der Erdachse, der Nordpol, im Nordpolarmeer über einer Meerestiefe von 4 087 m liegt, befindet sich das südliche Ende der Erdachse, der Südpol, weit im antarktischen Kontinent in rund 2 800 m Höhe. Nimmt man Nord- und Südamerika als zwei Kontinente, so muss man bei der Antarktis vom siebten Kontinent sprechen. Die Landmasse ist rund 14 Millionen km^2 groß (dreimal Europa ohne Russland, nahezu die Hälfte der Landfläche Afrikas oder größer als Australien.)

Die Eisbedeckung dieses Kontinents ist im Durchschnitt rund 2 000 m mächtig und erstreckt sich gleichmäßig über die gesamte Fläche. Das Klima der Antarktis ist im Jahresmittel (-45° bis -50°C) das kälteste, das es auf unserer Erde gibt.

Im felsigen und tiefgefrorenen Boden des antarktischen Kontinents wurden zahlreiche Bodenschätze aufgespürt (z.B. Erdöl, Kohle, Uran, Kupfer ...), an einen Abbau kann allerdings gegenwärtig nicht gedacht werden.

Obwohl zahlreiche Nationen Anspruch auf bestimmte Teile der Antarktis erheben, konnte erreicht werden, dass dieser Kontinent allen Nationen nahezu uneingeschränkt für Forschungszwecke (militärische Nutzung ist ausgeschlossen) zur Verfügung steht. In 42 ganzjährig und 38 nur jahreszeitlich genutzten Forschungsstationen arbeiten im antarktischen Sommer (Januar) rund 4 000 Menschen aus mehr als 60 Ländern.

① Welche Kontinente und Länder grenzen an die Arktis? Wie leben die Menschen in diesen Gebieten? Berichte auf einem Zusatzblatt.

② Vor allem antarktische Gewässer besitzen eine reiche Tierwelt. Informiere dich und berichte.

③ Die Antarktis ist im wahrsten Sinne international. Begründe.

④ Arktis und Antarktis unterscheiden sich in vielen Punkten: Stelle die Unterschiede/Gemeinsamkeiten auf einem Zusatzblatt tabellarisch dar.

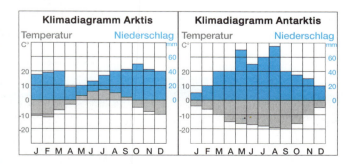

⑤ Werte das Klimadiagramm aus. Vergleiche mit dem mitteleuropäischen Klima.

Erde in Bewegung

Unsre Erde ist schalenförmig aufgebaut. Um einen im Inneren, teilweise festen Erdkern lagert sich der Erdmantel, der nach außen übergeht in die feste Erdkruste. Die weist nur eine Dicke von 10 bis 70 km auf und ist ständig in Bewegung. Zähflüssige Gesteinsmassen, die bis in eine Tiefe von 700 km reichen, lassen die Kontinente wie Eisschollen auf dem Wasser auseinander driften.

Schon im Jahr 1912 vermutete der Geophysiker und Meteorologe Alfred Wegener, dass sich die Kontinente auseinander bewegen.

① Warum hatte Wegener bei der Betrachtung von Südamerika und Afrika diese Idee?

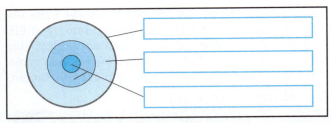

② Trage die fehlenden Begriffe mit Hilfe des Textes ein.

Heute weiß man, dass die Kontinente und Meere auf riesigen Krustenplatten sitzen, die sich langsam verschieben. Von unten nach oben gelangt strömendes Magma durch die Erdkruste und drückt die Platten auseinander, die sich wiederum an anderer Stelle unter eine andere Platte schieben.

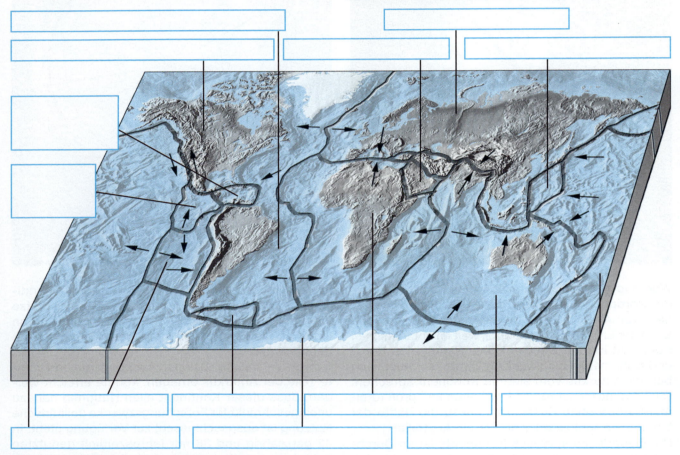

③ Trage die Plattennamen richtig ein.
Pazifische Platte, Afrikanische Platte, Antarktische Platte, Arabische Platte, Cocos-Platte, Drake-Platte, Eurasische Platte, Indoaustralische Platte, Karibische Platte, Nazca-Platte, Nordamerikanische Platte, Philippinische Platte, Südamerikanische Platte, Pazifische Platte.

④ Setze Vulkane und Erdbeben in Beziehung zu dem Unterwasserrelief der Weltmeere. Was stellst du fest?

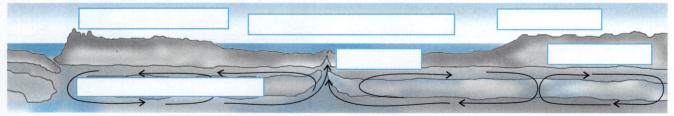

⑤ Erkläre und vervollständige die Skizze.
Afrika, Atlantischer Rücken, Erdkruste, oberer Erdmantel, Magma, Südamerika,

46

Die Erde – ein Planet für Pflanze, Tier und Mensch

① Unsere Umwelt wird durch zahlreiche Eingriffe des Menschen in das „Ökosystem Erde" gefährdet. Informiere dich mithilfe der Medien.

② Welche Möglichkeiten siehst du für den einzelnen Menschen, aktiven Umweltschutz zu betreiben. Berichte auf einem Zusatzblatt.

El Nino: Etwa alle vier Jahre bildet sich auf dem Pazifischen Ozean eine ungewöhnlich große und warme Meeresströmung aus. Sie verdrängt die nahrungsreichen und kalten Meeresströme der Küsten Südamerikas. Fische finden keine Nahrung mehr, sterben oder wandern ab. Die Fischer verlieren ihre Lebensgrundlage. El Nino hat große Auswirkungen auf das Wetter. Ungewöhnlich starke Regenfälle überschwemmen küstennahe Gebiete. Wissenschaftler vermuten, dass EL Nino auch Auswirkungen auf das globale Wetter hat. Sie glauben, dass EL Nino durch den Treibhauseffekt verstärkt wird.

Schlammlawinen in den Alpen: Immer wieder entstehen in den Alpen gefährliche Schlamm- und Gerölllawinen. Ursachen sind Schädigung der Vegetation durch Umweltgifte und Tourismus sowie die globale Erwärmung. Sie lässt Gletscher und vereiste Steilhänge schmelzen. Der Rückgang der Eismassen kann langfristig zu unregelmäßigen Pegelständen der Flüsse führen: Überschwemmungen in den Wintermonaten und Wasserknappheit in den Sommermonaten.

China: Zur Regenzeit kommt es immer wieder zu starken Überschwemmungen mit verheerenden Auswirkungen. Ursache ist die Abholzung großer Waldbestände (Wasserspeicher) und die Eindämmung von Flüssen (fehlende natürliche Flutungsgebiete)

Malaysia, Philippinen: Brandrodungen führten in den vergangenen Jahren immer wieder zu großflächigen Bränden. Für Wochen verdunkelte der Rauch das Sonnenlicht und belastete die Atemluft.

Ozonloch: Seit etwa 1975 beobachten Wissenschaftler einen bedenklichen Rückgang der Ozonschicht über der Antarktis. Die Ozonschicht befindet sich in 10- bis 40-km Höhe und schützt vor den gefährlichen UV-Strahlen.

Treibhausgase: Der Ausstoß von Treibhausgasen (Kohlendioxyd, Methan usw.) verhindert die Abstrahlung von Wärme ins Weltall. Langfristig führt dies zu einem globalen Anstieg der Temperatur mit verheerenden Auswirkungen auf Klima, Vegetation und Höhe des Meeresspiegels. Über 90% des Treibhausgases Kohlendioxyd wird von den sog. Industriestaaten erzeugt.

Das „Ökosystem Erde" ist die Grundlage allen Lebens auf unserem Planeten. Pflanzen, Tiere und Menschen leben in steter Wechselbeziehung und sind voneinander abhängig. Eingriffe in die Natur durch Industrie, Landwirtschaft oder auch den einzelnen Menschen greifen immer auch in das komplizierte „Ökosystem Erde" ein. Sinnvoller Umweltschutz ist gleichzeitig Schutz von Pflanze, Tier und Mensch. Er kann nur gelingen, wenn die Zusammenhänge von Naturkreisläufen verstanden und in ökologisch sinnvolles Handeln umgesetzt werden.

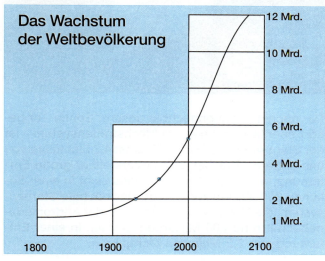

Das Wachstum der Weltbevölkerung

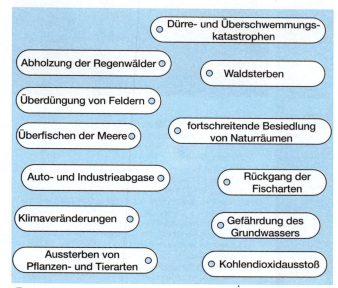

③ Werte die Grafik aus. Beschreibe auf einem Zusatzblatt mögliche Auswirkungen der Bevölkerungsentwicklung auf das „Ökosystem Erde".

④ Wie kann erreicht werden, dass unsere Erde auch langfristig ein Planet für Pflanze, Tier und Mensch bleibt? Berichte.

⑤ Zahlreiche Begriffe lassen sich zu Paaren zusammenfügen und zu Wirkzusammenhängen zueinander in Beziehung setzen. Verbinde passende Wortpaare und finde weitere Begriffe. Verwende auch ein Zusatzblatt.

Die Erde im Weltall

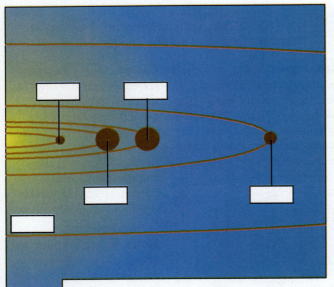

Die 9 Planeten			
	Abstand von der Sonne	Durchmesser	Zahl der Monde
Merkur	58 000 000 km	4 840 km	-
Venus	108 000 000 km	12 400 km	-
Erde	150 000 000 km	12 742 km	1
Mars	280 000 000 km	6 800 km	2
Jupiter	775 000 000 km	142 800 km	12
Saturn	1 440 000 000 km	120 800 km	10
Uranus	2 870 000 000 km	47 600 km	5
Neptun	4 500 000 000 km	44 600 km	2
Pluto	5 900 000 000 km	5 850 km	-

Wir leben in einem Weltall von unvorstellbarer Ausdehnung. Es beheimatet unzählige Millionen von Sternensystemen (Milchstraßensystemen) unterschiedlichster Größe und Gestalt. Auch unsere Erde, der Mond, die Planeten mit ihren Monden und die Sonne (unser Sonnensystem) gehören zusammen mit Milliarden anderer Himmelskörper zu einem solchen Milchstraßensystem.
Unsere Sonne wird von neun Planeten und ihren insgesamt mindestens 31 Monden umkreist. In unserem Milchstraßensystem gibt es viele Millionen ähnlicher Sonnensysteme.
Die Weltraumfahrt hat in den letzten Jahrzehnten viel dazu beigetragen, den nahen und fernen Weltraum zu erkunden. Verschiedene Weltraumsonden zu Venus, Mars oder Jupiter, die Mondlandungen, zahlreiche erdumkreisende Satelliten, das Weltraumteleskop Hubble, die Weltraumstation ISS (Internationale Space Station) usw. haben hierzu wichtige Beiträge geliefert.

① Ordne die Textkärtchen den neun Planeten unseres Sonnensystems zu.

② Informiere dich über aktuelle Weltraummissionen und berichte.

Die aktuellen Weltraummissionen
- Fernerkundungssatelliten
  (wenige Hundert Kilometer Höhe)
- Wettersatelliten
- Fernsatelliten
- Satelliten für die Telekommunikation
  (10 000 - 30 000 km Höhe)

Gegenwärtig kreisen mehr als 6 000 (!) Satelliten um die Erde. Lediglich einer von 20 ist noch in Betrieb. Viele lassen sich als leuchtende Punkte verfolgen.
- ISS Internationale Weltraumstation (354 km Höhe)
- Hubble-Weltraumteleskop (600 km Höhe)
- Weltraumsonden zu verschiedenen Planeten
  zuletzt besonders spektakulär „Pathfinder" mit dem Marsmobil „Sojourner"

Der nächste Sonnennachbar unserer Sonne - er gehört ebenfalls zu unserem Milchstraßensystem - ist der Stern ALPHA CENTAURI. Er ist 4,3 Lichtjahre von uns entfernt. Dies ist eine unvorstellbar große Entfernung, wenn man bedenkt, dass Licht in einer Sekunde 300 000 km zurücklegt. Das nächste Sternensystem, die Nachbarmilchstraße, ist der Andromedanebel mit rund 200 Milliarden Sternen in einer Entfernung von 2,2 Millionen Lichtjahren.

③ Der Weltraum bietet für Menschen keine günstigen Lebensumstände. Dies gilt auch für die Planeten unseres Sonnensystems und ihre Monde. Informiere dich über Einzelheiten (Zusatzblatt).

④ Die Entfernungen in unserem Weltall sind unvorstellbar groß. Informiere dich über die in der heutigen Weltraumfahrt erreichbaren Geschwindigkeiten und schätze dann die Chancen bemannter Weltraumfahrt kritisch ein.

Ausschneideblatt 1

Zu Seite 2

Gemäßigte Zone
Durchschnittstemperatur: um 8° C, feucht, lange Wachstumsperiode, alle vier Jahreszeiten deutlich erkennbar

Tropische Zone
Durchschnittstemperatur: um 25° C, nie Frost, immer gleichmäßig warm, sehr feucht, andauernde Wachstumsperiode

Subtropische Zone
Durchschnittstemperatur: um 18° C, heiße Sommer, milde Winter, feucht, sehr lange Wachstumsperiode

Kalte Zone
Durchschnittstemperatur: um 0° C, z.T. „ewiges" Eis, sehr kurze Wachstumsperiode, geringe Niederschläge

Zu Seite 10

Zu Seite 11

Blei | Chrom | Eisen | Eisen | Eisen | Erdöl | Erdöl | Gold | Gold | Gold | Kohle | Kupfer | Kupfer | Kupfer

Kupfer | Kupfer | Nickel | Nickel | Silber | Silber | Uran | Uran | Zink

Zu Seite 15

Zu Seite 13

Die UNO hat seit 1947 ihren Sitz in N.Y. In dem 39-stöckigen Bau arbeiten ca. 16 000 Angestellte. Hier werden von den Mitgliedsstaaten viele Entscheidungen getroffen, die den Frieden in der Welt sichern sollen.

Das Empire State Building ist mit 449 m Höhe das berühmteste Wahrzeichen N.Y. Es wurde 1931 errichtet und war bis 1973 das höchste Gebäude der Welt.

Der Central Park mit einer Fläche von 320 ha ist die „grüne Lunge" N.Y. Hier können sich die Menschen bei Spaziergängen oder Kutschfahrten erholen, mit Fahrrädern oder Rollerblades die asphaltierten Wege entlangfahren.

Die Wallstreet ist bekannt durch die Börse, wo die wichtigsten Aktien der Weltwirtschaft gehandelt werden. Der Börsen-Crash des Jahres 1929 führte zu einem Zusammenbruch der Weltwirtschaft.

Die Freiheitsstatue befindet sich auf einer kleinen Insel vor der Einfahrt zum Hafen von N.Y. Sie wurde 1886 errichtet und ist ein Geschenk der Franzosen an die Amerikaner. Für viele Einwanderer wurde sie zum Symbol der Hoffnung und Freiheit.

Die Park Avenue ist eine der Prachtstrassen von New York. Sie verbindet Upper Eastside, eine elegante Wohngegend mit prächtigen Altbauten in der Mitte von Manhattan, mit dem Union Square im Süden, wo sich Geschäfts- und Bürogebäude befinden.

Ausschneideblatt 2

Zu Seite 17

Cortez, ein spanischer Eroberer, unterwarf in den Jahren 1519-21 das Volk der Azteken in Mexiko. Für Spanien hatte Mexiko eine große Bedeutung, weil dort Bodenschätze, besonders Silber, in großen Mengen vorkam.

Fernando de Magellan war ein portugiesischer Seefahrer, der in spanischen Diensten 1519 den Auftrag erhielt, den westlichen Seeweg zu den Gewürzinseln (Molukken) zu finden. So gelangte er 1520 zur La-Plata-Mündung und umschiffte Südamerika durch die nach ihm benannte Magellanstraße zwischen Patagonien und Feuerland.

Zu Seite 18

Zu Seite 23

Zu Seite 48

Pluto | Erde
Jupiter | Neptun
Uranus | Venus
Saturn | Merkur
Mars

Zu Seite 19

Fläche: 1,14 Mio. km²
Bevölkerung: 41,6 Mio.
Hauptstadt: Bogotá
Währung: Col. Peso
(1 € = 3 211 Peso)
Sprache: Spanisch
BSP: 2 692 € p. E.
Einw. p. Arzt: 1064

Fläche: 0,91 Mio. km²
Bevölkerung: 23,7 Mio.
Hauptstadt: Caracas
Währung: Bolivar
(1 € = 2 352 Bolivar)
Sprache: Spanisch,
BSP: 3 848 € p. E.
Einw. p. Arzt.: 576

Fläche: 1,28 Mio. km²
Bevölkerung: 25,2 Mio.
Hauptstadt: Lima
Währung: Nuevo Sol
1 € = 4,25 Nuevo Sol)
Sprache: Spanisch,
Ketschua, Aymará
BSP: 2 660 € p. E.
Einw. p. Arzt.: 1 116

Fläche: 0,28 Mio. km²
Bevölkerung: 12,4 Mio.
Hauptstadt: Quito
Währung: Sucre
(1 € = 30 653 Quito)
Sprache: Spanisch,
Ketschua, Chibcha
BSP: 1 657 € p. E.
Einw. p. Arzt.: 671

Fläche: 0,75 Mio. km²
Bevölkerung: 15 Mio.
Hauptstadt:
Santiago de Chile
Währung: Chil. Peso
(1 € = 774 Peso)
Sprache: Spanisch,
BSP: 5 439 € p. E.
Einw. p. Arzt.: 943

Fläche: 1,1 Mio. km²
Bevölkerung: 8,1 Mio.
Hauptstadt: Sucre
Währung: Boliviano
(1 € = 10 Boliviano)
Sprache: Spanisch,
Ketschua, Aymará
BSP: 1 101 € p. E.
Einw. p. Arzt.: 2 564

Ausschneideblatt 3 Zu Seite 37

Informationen über: *Ägypten*	
Einwohner (Stand *2004*): *65,2 Mio.* Bevölkerungswachstum: *1,99%*	
Lebenserwartung (Stand *2004*): *Männer 67 J. Frauen 70 J*	
Bevölkerungsdichte (Stand *2004*): *65 pro km²*	
Religion (Stand *2004*): *Sunnitische Moslems 90%* *Christen 9%*	Ausgeführte Ware (*2004*): *Öl, Erdgas 36,9%* *industr. Vorprodukte 19,9%* *Nahrungsmittel 7,9%*
Sprachen: *Arabisch (Amtssprache)*	In welche Länder (*2004*): *Italien 10,1%* *Nordamerika 12,4%* *Niederlande 7,1%*
Fläche (Stand *2004*): *1,0 Mio. km²* Nutzfläche: *3,3% davon 100% bewässert* Bewaldet: *1000 km²*	
Klima: *Wüste, heiße trockene* *Sommer, gemäßigte Winter*	Eingeführte Ware (*2004*): *Maschinen 26,2%* *Nahrungsmittel 18,3%* *industr. Vorprodukte 18,0%*
Bruttosozialprodukt je Einw. (Stand *2004*): *1530 $*	
Erwerbstätigkeit (Stand *2004*): Dienstleistung: *49,0* % Industrie: *34,0* % Landwirtschaft: *17,0* %	Aus welchen Ländern (*2004*): *Nordamerika 14,4%* *Deutschland 8,7%* *Italien 6,6%*

Informationen über: *Algerien*	
Einwohner (Stand): Bevölkerungswachstum:	
Lebenserwartung (Stand):	
Bevölkerungsdichte (Stand):	
Religion (Stand):	Ausgeführte Ware ( ):
Sprachen:	In welche Länder ( ):
Fläche (Stand):	
Klima:	Eingeführte Ware ( ):
Bruttosozialprodukt je Einw. (Stand):	
Erwerbstätigkeit (Stand): Dienstleistung: % Industrie: % Landwirtschaft: %	Aus welchen Ländern ( ):

Ausschneideblatt 4 Zu Seite 37

Informationen über: *Libyen*	
Einwohner (Stand): Bevölkerungswachstum:	Flagge
Lebenserwartung (Stand):	
Bevölkerungsdichte (Stand):	
Religion (Stand):	Ausgeführte Ware ( ):
Sprachen:	In welche Länder ( ):
Fläche (Stand):	
	Eingeführte Ware ( ):
Klima:	
Bruttosozialprodukt je Einw. (Stand):	Aus welchen Ländern ( ):
Erwerbstätigkeit (Stand): Dienstleistung: % Industrie: % Landwirtschaft: %	

Informationen über: *Marokko*	
Einwohner (Stand): Bevölkerungswachstum:	Flagge
Lebenserwartung (Stand):	
Bevölkerungsdichte (Stand):	
Religion (Stand):	Ausgeführte Ware ( ):
Sprachen:	In welche Länder ( ):
Fläche (Stand):	
	Eingeführte Ware ( ):
Klima:	
Bruttosozialprodukt je Einw. (Stand):	Aus welchen Ländern ( ):
Erwerbstätigkeit (Stand): Dienstleistung: % Industrie: % Landwirtschaft: %	